AF762133

हृदय का सिंहासनः

लालच, तुलना और नकली संतोष के खिलाफ 12 लड़ाइयाँ जो हमें जीतनी ही होंगी

द्वारा

ज़ाकारियास गॉडसीगल ; राजदूत मंडे ओ. ओगबे ; कम्फर्ट लाडी ओगबे

Table of Contents

कॉपीराइट पृष्ठ

प्रकाशित:

ज़ाकारियास गॉडसीगल और गॉड्स ईगल मिनिस्ट्रीज़ (GEM)

www.otakada.org

जब तक कुछ और न बताया गया हो, पवित्र शास्त्र के कोट पवित्र बाइबिल से हैं। बाइबिल के सभी रेफरेंस फेयर-यूज़ गाइडलाइन के तहत सिखाने, पढ़ाई करने और आध्यात्मिक विकास में बदलाव लाने के लिए इस्तेमाल किए जाते हैं।

यह किताब सिखाने, सोचने और आध्यात्मिक मतलब निकालने का काम है। इसमें इस्तेमाल की गई असल ज़िंदगी की कहानियों में मिले-

जुले किरदार या प्राइवेसी बनाए रखने के लिए बदले हुए डिटेल्स हो सकते हैं, साथ ही सच्चाई और असर भी बना रहेगा।

कवर डिज़ाइन: "गॉड्स ईगल क्रिएटिव टीम"]

संयुक्त राज्य अमेरिका में मुद्रित

समर्पण

हमारे दिलों के सिंहासन पर बैठने वाले के लिए—
यीशु मसीह, हमारे राजा, हमारे दिशासूचक, और हमारे संतोष के लिए।
यह काम आपके नाम को महिमा दे और बहुतों को आपके प्यार के केंद्र में वापस लाए।

पवित्र आत्मा के लिए,
जिसकी फुसफुसाहट हमारा रोडमैप बन गई, जिसका यकीन हमारी सफाई बन गया, और जिसकी मौजूदगी हमारी ताकत बन गई।

अलग-अलग देशों में मसीह के शरीर के लिए—
नेताओं, परिवारों, विश्वासियों और चाहने वालों के लिए जो इस शोर भरी दुनिया में दिल की खामोश लड़ाइयाँ लड़ रहे हैं। ये पन्ने छिपी हुई जगहों पर रोशनी डालें और आपको गहरे समर्पण, पवित्रता और शांति की ओर ले जाएँ।

हर उस इंसान के लिए जिसने कभी तुलना से जूझा है,
लालच से जूझा है, या सच्ची खुशी की चाहत रखी है—
यह किताब आज़ादी की ओर आपके सफ़र में आपकी साथी है।

और आखिर में, उन सभी के लिए जिन्होंने सपोर्ट किया, प्रार्थना की, हिम्मत दी, और विश्वास किया—
आपका प्यार हर चैप्टर में बुना हुआ है। प्रभु आपको खुले दिल से इनाम दें।

— ज़ाकारियास गॉडसीगल , राजदूत मंडे ओ. ओगबे , कम्फर्ट लाडी ओगबे

स्वीकृतियाँ

दिल से शुक्रगुजार होकर, हम रुककर भगवान और उन लोगों का हाथ मानते हैं जिनका इस्तेमाल करके उन्होंने इस किताब को ज़िंदा किया।

सबसे पहले, पवित्र आत्मा को—हमारे टीचर, काउंसलर, और सच्चाई बताने वाले को।
हर पेज, हर समझ, हर इशारा आपसे ही शुरू हुआ। उस यकीन के लिए धन्यवाद जो साफ़ करता है, उस समझदारी के लिए जो मज़बूती देती है, और उस आग के लिए जो निखारती है। आप बदलाव के सच्चे लेखक हैं।

हमारे प्रभु यीशु मसीह के लिए,
जो हर मुक्त हुए दिल के सिंहासन पर विराजमान हैं। आपकी कृपा ने इस काम को मज़बूत बनाया, आपकी दया ने हमें सहारा दिया, और आपके प्यार ने हमें ईमानदारी और हिम्मत के साथ लिखने के लिए मजबूर किया।

हमारे परिवारों के लिए—
आपकी प्रार्थनाओं, त्याग और समझ ने लंबी रातों, गहरी पढ़ाई, दुनिया भर की कहानियों और इतने गहरे संदेश के इमोशनल वज़न के लिए जगह बनाई। हमारे साथ खड़े रहने, हम पर विश्वास करने और इस बोझ को साथ मिलकर उठाने के लिए आपका धन्यवाद।

गॉड्स ईगल मिनिस्ट्रीज़ (GEM) के पार्टनर्स और दोस्तों के लिए,
जो कई देशों में जाने-पहचाने और अनदेखे हैं—आपकी दरियादिली एक नदी बन गई है जो गॉस्पेल को हमारे पैरों से भी ज़्यादा दूर तक ले

जाती है। आपके बोए गए हर बीज ने अलग-अलग महाद्वीपों के लोगों की ज़िंदगी को छुआ है। हम आपका बहुत सम्मान करते हैं।

जिन लोगों ने अपनी कहानियाँ, अनुभव और कमज़ोरियाँ शेयर कीं, और
अपनी यात्राओं से इन पन्नों को रोशन किया—आपकी हिम्मत वह लालटेन बन गई जो दूसरों को अंधेरे से बाहर निकालती है। प्रभु आपकी ईमानदारी से आपको कई तरह से ठीक करे।

हमारी मीडिया, टेक्निकल, एडिटोरियल और इंटरसेसरी टीमों के लिए—
आपने पर्दे के पीछे चुपचाप काम किया, शब्दों को बेहतर बनाया, मैसेज को आकार दिया, सफलताओं के लिए प्रार्थना की, और हर रिलीज़ के साथ बेहतरीन काम पक्का किया। आपकी मेहनत पूजा है, और स्वर्ग इसे देखता है।

विश्वासियों, पादरियों, मंत्रियों और साधकों की दुनिया भर की कम्युनिटी के लिए
जो हमारे रोज़ाना के मैसेज, ब्रॉडकास्ट और शिक्षाओं से जुड़ते हैं—आपने इस काम की ज़रूरत को प्रेरित किया। सच के लिए आपकी प्यास हमारी बात मानने की भावना को बढ़ाती है।

और आखिर में, इस किताब को अपने हाथों में पकड़ने वाले हर किसी को—
अपना दिल खोलने के लिए धन्यवाद, ताकि आप खोजे जा सकें, चुनौती दी जा सके और बदले जा सकें। यह संदेश एक आईना, एक कंपास और एक कैटलिस्ट बन जाए जो क्राइस्ट को आपके अंदर की ज़िंदगी के सिंहासन पर वापस ले आए।

सारी महिमा सिर्फ़ परमेश्वर को ही मिले।

दिल के सिंहासन के बारे में :

लालच, तुलना और नकली संतोष के खिलाफ़ 12 लड़ाइयाँ जो हमें जीतनी चाहिए

कभी न खत्म होने वाली तुलना, डिजिटल दबाव और "ज़्यादा" की लगातार चाहत के इस ज़माने में, लाखों लोग चुपचाप एक ऐसी लड़ाई लड़ रहे हैं जिसे कोई नहीं देख रहा — **दिल के सिंहासन के लिए लड़ाई।**

यह बदलाव लाने वाली किताब **12 छिपी हुई रूहानी लड़ाइयों को सामने लाती है** जो पहचान को खत्म करती हैं, शांति खत्म करती हैं, मकसद को कमज़ोर करती हैं, और मानने वालों को भगवान की मौजूदगी से दूर करती हैं। दुनिया भर की दिलचस्प कहानियों, बाइबिल की गहरी समझ और ज़िंदगी बदलने वाली सोच के ज़रिए, ' *द थ्रोन ऑफ़ द हार्ट*' पढ़ने वालों को आत्मा के छोटे दुश्मनों का सामना करने में मदद करती है: लालच, जलन, बेचैनी, एहसान फरामोशी, मतलबी सोच, गलत खुशी, और वे मूर्तियाँ जो चुपके से हमारे प्यार के लिए क्राइस्ट से मुकाबला करती हैं।

ब्राज़ील से सियोल, न्यूयॉर्क से टोक्यो, वाशिंगटन डीसी से दुबई तक की शानदार कहानी कहने के साथ , ज़कारियास गॉडसीगल , राजदूत मंडे ओ. ओगबे और कम्फर्ट लाडी ओगबे हर लड़ाई को जीवंत कर देते हैं - भावनात्मक, व्यावहारिक और आध्यात्मिक रूप से सर्जिकल ज्ञान प्रदान करते हैं।

पाठकों को पता चलेगा:

लालच कोई छोटा पाप नहीं है , बल्कि एक स्पिरिचुअल कैंसर है जो 1st और 10th कमांडमेंट्स को तोड़ता है — और चुपके से कई दूसरे कैंसर को ट्रिगर करता है।
कैसे तुलना खुशी चुरा लेती है और विश्वासियों को उनके भगवान के दिए कामों से अंधा कर देती है।
संतोष ही शक्ति है और आत्मसंतुष्टि एक जाल है।
महत्वाकांक्षा, प्रभाव या सफलता के रूप में छिपी
मूर्तियों को कैसे पहचानें । एक बेचैन, कामयाबी से भरी दुनिया में **सच्ची शांति कैसी दिखती है ।**

दिल के सिंहासन को वापस कैसे पाएं और मसीह को उसकी सही जगह पर कैसे लौटाएं।
हर चैप्टर में शामिल हैं:

- ***एक दिलचस्प असल ज़िंदगी की कहानी***
- ***एक समानांतर बाइबिल उदाहरण***
- ***गहन चिंतन प्रश्न***
- ***एक शक्ति घोषणा***
- ***अंदरूनी इलाज और आध्यात्मिक तालमेल के लिए प्रैक्टिकल कदम***

यह किताब इसके लिए है:

• ईसाई नेता और पादरी
• पहचान की तलाश में युवा • दबाव का सामना कर रहे पेशेवर • ईश्वर के साथ करीबी की चाहत रखने वाले विश्वासी • कोई भी जो

तुलना, जलन या आध्यात्मिक थकान से थक गया हो • परिवार, मंत्रालय, छोटे समूह और शिष्य मंडल

अगर आप किस्मत तोड़ने वाले चक्रों को तोड़ने के लिए तैयार हैं... अगर आप उन चीज़ों को हटाने के लिए तैयार हैं जो आपको भटकाती हैं... अगर आप एक साफ़ दिल, एक स्थिर आत्मा और एक क्राइस्ट-सेंटर्ड जीवन चाहते हैं...

तब *दिल का सिंहासन* एक आध्यात्मिक आईना, एक गुरु, और गहरे बदलाव के लिए एक कैटलिस्ट बन जाएगा।
सबसे बड़ी जीत वह नहीं है जिसे आप बाहर से जीतते हैं, बल्कि वह है जिसे आप अंदर से आत्मसमर्पण करते हैं।

बैक कवर ब्लर्ब

दिल का सिंहासन
12 लड़ाइयाँ जो हमें लालच, तुलना और संतुष्टि के दिखावे के खिलाफ़ जीतनी चाहिए
आपके हृदय के सिंहासन पर कौन बैठा है?
प्रतिस्पर्धा, तुलना और "अधिक" की अंतहीन इच्छा से प्रेरित दुनिया में, असंख्य विश्वासी अपने भीतर गहरी खामोश लड़ाइयाँ लड़ रहे हैं — ऐसी लड़ाइयाँ जो पहचान को आकार देती हैं, उद्देश्य को बिगाड़ती हैं, और आध्यात्मिक शक्ति को खत्म करती हैं।

द थ्रोन ऑफ़ द हार्ट में , ज़ाकारियास गोडेगल , राजदूत मंडे ओ. ओगबे और कम्फर्ट लाडी ओगबे **आत्मा के 12 छिपे हुए दुश्मनों** का पर्दाफ़ाश करते हैं जो चुपके से क्राइस्ट को गद्दी से हटा देते हैं और नकली

इच्छाओं को गद्दी पर बिठा देते हैं। दुनिया भर की दिलचस्प असल ज़िंदगी की कहानियों के ज़रिए — ब्राज़ील, न्यूयॉर्क, सियोल, टोक्यो, दुबई, वाशिंगटन DC और भी बहुत कुछ — हर चैप्टर में ये बातें सामने आती हैं:

• लालच का धीरे-धीरे बढ़ना और यह कैसे 1 और 10वें नियम को तोड़ता है

• तुलना, जलन, भौतिकवाद और बेचैन महत्वाकांक्षा का विनाशकारी चक्र • "अधार्मिक संतुष्टि" का धोखा जो आध्यात्मिक संतुष्टि की ओर ले जाता है • सफलता, प्रभाव या इच्छा के रूप में छिपी मूर्तियों का खतरा • सच्चे, ईश्वर-केंद्रित संतुष्टि की बदलने वाली सुंदरता धर्मग्रंथों, निजी मुलाकातों और दुनिया भर की कहानियों से ली गई यह किताब एक आध्यात्मिक आईना और एक रोडमैप दोनों है। हर चैप्टर सोचने-समझने वाले सवालों, दिल को नया करने वाली बातों और अपने दिल की गद्दी को वापस पाने के लिए काम के कदमों के साथ खत्म होता है।

चाहे आप लीडर हों, प्रोफेशनल हों, स्टूडेंट हों, मिनिस्टर हों, या साधक हों, यह किताब आपकी मदद करेगी:

• भगवान के साथ अपनापन फिर से पाएं

• किस्मत तोड़ने वाले चक्रों को तोड़ें • तुलना की आवाज़ को शांत करें

• बेचैन दुनिया में शांति पाएं • मसीह में अपनी पहचान मज़बूत करें • अपनी आध्यात्मिक नींव को मज़बूत करें

सबसे बड़ी जीत बाहर से नहीं, बल्कि अंदर से मिलती है — जब मसीह आपके दिल के सिंहासन पर अपनी सही जगह पर वापस आ जाता है।

प्रस्तावना

हर पीढ़ी में, भगवान ऐसी आवाज़ें उठाते हैं जो इंसान के दिल के शांत बहाव का सामना करती हैं। ऐसी आवाज़ें जो सिर्फ़ आराम नहीं देतीं, बल्कि सही करती हैं। ऐसी आवाज़ें जो मनोरंजन नहीं करतीं, बल्कि जगाती हैं। ऐसी आवाज़ें जो तालियाँ नहीं बटोरतीं, बल्कि स्वर्ग के मकसद के साथ तालमेल बिठाती हैं।

यह किताब, **द थ्रोन ऑफ़ द हार्ट** , ऐसी ही एक आवाज़ है।

इन चैप्टर्स के लिखे जाने से बहुत पहले, इन पर *बहस हुई थी*। लेखकों ने इस मैसेज को एकेडमिक्स या कमेंटेटर्स की तरह नहीं, बल्कि ऐसे पुरुषों और महिलाओं की तरह देखा जिन्होंने सबसे पहले पवित्र आत्मा को अपने दिलों के अंदर की लड़ाई का सामना करने दिया। नतीजा एक ऐसा काम है जो न सिर्फ थियोलॉजिकली सही है, बल्कि स्पिरिचुअली सर्जिकल भी है — एक ऐसी किताब जो जहाँ ज़रूरत हो वहाँ छेद करती है, जहाँ ज़रूरत हो वहाँ ठीक करती है, और हर विश्वासी को सरेंडर की सीट पर वापस बुलाती है।

हम एक ऐसी दुनिया में रहते हैं जहाँ **तुलना करना एक लाइफस्टाइल बन गया है** ,

लालच आम बात हो गई है ,

संतोष नकली हो गया है ,

और मूर्ति पूजा ने नए डिजिटल रूप ले लिए हैं।

ऐसी दुनिया में, यह किताब समय के हिसाब से बहुत ज़रूरी है - यह एक दैवीय दखल है।

यहां बताई गई बारह "लड़ाइयों" में से हर एक आज चर्च में एक खामोश महामारी की ओर इशारा करती है: ईसाई बिना शांति के कोशिश कर रहे हैं, बिना पवित्रता के नेतृत्व कर रहे हैं, बिना अपनेपन के सेवा कर रहे हैं, बिना आभार के पूजा कर रहे हैं, और बाहर से सफल हो

रहे हैं जबकि अंदर से गिर रहे हैं। दुनिया भर की कहानियों के ज़रिए — सियोल से दुबई तक, लागोस से साओ पाउलो तक, वाशिंगटन से टोक्यो तक — लेखक हमें याद दिलाते हैं कि इंसान का दिल अलग-अलग संस्कृतियों में एक जैसा है: जब तक क्राइस्ट राज नहीं करते तब तक बेचैन, जब तक क्राइस्ट भर नहीं देते तब तक खाली, जब तक क्राइस्ट संतुष्ट नहीं कर देते तब तक भूखा।

सबसे खास बात है किताब की **बोल्ड ईमानदारी।**

यह चापलूसी नहीं करती। यह नरम नहीं करती। यह सच के लिए माफी नहीं मांगती।

इसके बजाय, यह प्यार से हमें पहली आज्ञाओं, पहले प्यार और शिष्य बनने के पहले बुलावे की ओर वापस ले जाता है:

"मेरे सिवा तुम्हारे कोई दूसरे भगवान नहीं होंगे।"

"तुम लालच नहीं करोगे…"

जब दसवीं आज्ञा टूटती है, तो पहली पहले ही खत्म हो चुकी होती है। जब तुलना जड़ पकड़ लेती है, तो संतोष चुपचाप मर जाता है। जब मूर्तियाँ बढ़ती हैं, तो अपनापन खत्म हो जाता है।

यह किताब इन सच्चाइयों को साफ़ तौर पर, हिम्मत और दया के साथ सामने लाती है।

राजदूत मंडे ओ. ओगबे , ज़ाकारियास गॉडसीगल , और कम्फर्ट लाडी ओगबे ने मसीह के शरीर को एक तोहफ़ा दिया है — एक आध्यात्मिक आईना जो यह नहीं दिखाता कि हम कौन होने का दिखावा करते हैं, बल्कि यह दिखाता है कि हम असल में कौन हैं और भगवान हमें क्या बनने के लिए बुलाते हैं। उनकी मिली-जुली आवाज़ों में अनुभव का वज़न, बीच-बचाव की कृपा, और उन नेताओं की समझ है जिन्हें गुप्त जगह में ढाला गया है।

जैसे-जैसे आप पढ़ेंगे, आपको इन जगहों पर बुलाया जाएगा:

- **बिना शर्म के आत्म-परीक्षण**
- **बिना निंदा के पश्चाताप**
- **बिना कुचले सुधार**
- **बिना आत्मसंतुष्टि के संतोष**
- **बिना डरे समर्पण**

आप अपने उन हिस्सों का सामना करेंगे जिन्हें आपने सालों से नज़रअंदाज़ किया होगा।

लेकिन आपको एक ऐसा परमेश्वर भी मिलेगा जो शुद्ध करने, बहाल करने, फिर से व्यवस्थित करने और राज करने के लिए तैयार है।
यह एक बार पढ़ने वाली किताब नहीं है।
यह एक ऐसी किताब है जिसे आप बार-बार पढ़ेंगे — जब भी आपका दिल भटक जाए, आपकी पूजा रूटीन बन जाए, या आपकी प्राथमिकताएं स्वर्ग के साथ तालमेल खो दें।
मेरी प्रार्थना सरल है:
ये पृष्ठ आपको पूर्णता की ओर नहीं, बल्कि **प्रामाणिकता की ओर ले जाएं** ।

महत्वाकांक्षा के लिए नहीं, बल्कि **आज्ञाकारिता के लिए** ।
सिर्फ़ ज्ञान के लिए नहीं, बल्कि **बदलाव के लिए** ।
खुद को बेहतर बनाने के लिए नहीं, बल्कि **सिंहासन पर बैठे मसीह के लिए** ।
अगर आप उसे इजाज़त देंगे, तो पवित्र आत्मा इस किताब का इस्तेमाल करके आपके दिल में उस जगह को वापस पाने के लिए करेगा जिस पर लंबे समय से छोटे मालिकों का कब्ज़ा रहा है।

उम्मीद है कि हर पढ़ने वाला इन पन्नों से साफ़, पवित्र, शुक्रगुज़ार होकर उठेगा, और एक ऐसा सिंहासन मिलेगा जो अपने असली राजा को वापस मिल जाएगा।

यह सिर्फ़ एक किताब से कहीं ज़्यादा है।

यह एक बुलावा है — सेंटर की ओर वापस बुलावा। सीक्रेट जगह की ओर वापस बुलावा। जीसस के पैरों की ओर वापस बुलावा। दिल के सिंहासन की ओर वापस बुलावा।

मास्टर

प्रस्तावना

दिल का सिंहासन

12 लड़ाइयाँ जो हमें लालच, तुलना और संतुष्टि के दिखावे के खिलाफ़ जीतनी चाहिए

यह मैसेज आसानी से नहीं आया। प्रभु के सामने इंतज़ार करने में **तीस दिन से ज़्यादा लगे—गहरे ध्यान, दिल की जांच, खुद का सामना, पछतावा और बात मानने के दिन। पूरी यात्रा में मेरी प्रार्थना आसान थी:** *"प्रभु, इस मैसेज का वज़न हो। यह हर उस दिल को चुभे, दोषी ठहराए, ठीक करे, और जो इसे देखे, उसमें हमेशा के लिए बदलाव लाए।"*

जब आप ये पेज पढ़ें, तो मैं आपको कहानियों और धर्मग्रंथों को मानने से ज़्यादा कुछ करने के लिए बुलाता हूँ। मैं आपको उनके बनाए **आईने में देखने के लिए बुलाता हूँ** । जब वचन अंदर की बात बताता है, तो मुँह मत मोड़िए। इसके बारे में कुछ कीजिए। स्वर्ग का सबसे ज़ोरदार जश्न अच्छे उपदेशों या बड़ी भीड़ पर नहीं होता—यह **सच्चे पछतावे पर होता है** ।

यीशु ने कहा, *"स्वर्ग में एक पापी के पछताने पर खुशी होती है।"* (लूका 15:7)

पैगंबर सैमुअल ने राजा शाऊल से कहा:
"आज्ञा मानना बलिदान से बेहतर है।" (1 सैमुअल 15:22)
यह सच्चाई पवित्र शास्त्र में पचास से ज़्यादा बार आती है। क्यों?

क्योंकि **परमेश्वर ऐसे धन्यवाद को अस्वीकार करता है जो आज्ञा न मानने वाले दिलों से आता है।** वह सच्चाई, पवित्रता और समर्पण से आने वाले धन्यवाद से खुश होता है।

और अब, जब दुनिया भर में बहुत से लोग साल के आखिर में धन्यवाद देने की तैयारी कर रहे हैं, तो प्रभु एक चेतावनी और न्योता देते हैं:
सिर्फ़ आज्ञा मानने से पैदा हुआ धन्यवाद ही उनके सिंहासन के सामने खुशबू फैलाता है।

इस संदेश का सार

भगवान की भक्ति। संतोष। लालच।
ये छोटे टॉपिक नहीं हैं। ये **पूरे धर्मग्रंथ में बड़े मुद्दे हैं** , हर मानने वाले के लिए बुनियादी लड़ाई का मैदान। और हर एक के लिए दिल की सच्ची जांच की ज़रूरत होती है।

दाऊद ने भजन 139:23 में प्रार्थना की:
"हे परमेश्वर, मुझे जांचकर मेरे हृदय को जान ले..."
इस पुस्तक में संदेश को पूरी तरह से समझने के लिए यही मुद्रा आवश्यक है।

भगवान धार्मिक कलाकार या बाहर से सजे-धजे ईसाई नहीं ढूंढ रहे हैं। वह **असली बर्तन ढूंढ रहे हैं—साफ बर्तन** , ऐसे दिल जो तुलना, जलन, लालच, दिखावे और आज के ज़माने की छोटी-मोटी मूर्तिपूजा के ज़हर से आज़ाद हों।

ऐसे समय के लिए एक संदेश

यह शिक्षा इस साल के लिए हमारा आखिरी संदेश है—जब तक कि पवित्र आत्मा कुछ और न कहे।
आप पूरा ऑडियो और वीडियो वर्शन यहाँ देख सकते हैं:

🎥 यूट्यूब
https://youtu.be/pfdffNNGH-s?si=xCPctwBOpKTZGSK0

🎧 पॉडकास्ट
https://open.spotify.com/episode/0KDztlNO6y2Ze8lPIIUxKA?si=PG2SFbUpQMGhsmRaqhkHuQ

किताबों, फिल्मों और ट्रांसलेशन में बदलेंगे ताकि ये कई भाषाओं में ज़्यादा लोगों तक पहुँच सकें। हम **रेडियो ब्रॉडकास्ट भी शुरू करने की तैयारी कर रहे हैं** , खासकर उन ऑफ़लाइन सुनने वालों के लिए जिनका दिल भूखा है लेकिन जो शायद कभी हमारा कंटेंट ऑनलाइन नहीं देख पाएंगे।

फसल के लिए साझेदारी का आह्वान

अगर गॉड्स ईगल मिनिस्ट्रीज़ (GEM) के मैसेज ने आपको आशीर्वाद दिया है, तो मैं विनम्रता से आपको हमारे साथ पार्टनरशिप करने के लिए बुलाता हूँ।
आपका सपोर्ट हमें इन ज़िंदगी बदलने वाले मैसेज को स्क्रीन, बॉर्डर, लिमिटेशन से परे—घरों, देशों और दिलों तक पहुँचाने में मदद करता है।

डिजिटल प्लेटफॉर्म और रेडियो वेव के ज़रिए, हर जगह लोग इस अस्त-व्यस्त दुनिया में उम्मीद, सच्चाई और भगवान की स्थिर आवाज़ की तलाश कर रहे हैं। GEM में, हमारा मानना है कि मीडिया देशों में

फैला एक **आध्यात्मिक जाल है** —जो आत्माओं को इकट्ठा करता है, परिवारों को फिर से जोड़ता है, और नई जान डालता है।

आपकी पार्टनरशिप से हमें मदद मिलती है:

1. ऐसी फ़िल्म और वीडियो कंटेंट

कहानियाँ बनाएँ जो विश्वास जगाएँ, टूटन को ठीक करें, और मसीह के प्रेम को ऐसे तरीकों से दिखाएँ जिनसे जुड़ा जा सके और जो असरदार हों।

2. रेडियो पर गॉस्पेल ब्रॉडकास्ट करें,

इंटरनेट से कहीं ज़्यादा दूर गांवों, दूर-दराज के इलाकों, जेलों, अस्पतालों और समुदायों तक पहुंचें।

3. हमारे सोशल मीडिया टीचिंग और डिसिप्लिनशिप कैंपेन को बढ़ाएं।

रोज़ाना भक्ति, प्रार्थना, शिक्षाएं और संदेश जो अलग-अलग देशों में विश्वास करने वालों को प्रेरित करते हैं, सुधारते हैं और मजबूत करते हैं।

आपका सपोर्ट क्यों ज़रूरी है

हर मैसेज मसीह की खुशबू को उन जगहों तक ले जाता है जहाँ हम शायद कभी असल में कदम भी न रख पाएँ।
आपका दिया हुआ दान **रोशनी का बीज बन जाता है** , असर की एक लहर, भगवान की दुनिया भर में फ़सल के लिए एक योगदान।

जैसा प्रभु आपको निर्देश दे वैसा दें

कोई तय रकम नहीं है।
हर तोहफ़ा—बड़ा हो या छोटा—मिशन को आगे बढ़ाने में मदद करता है।

पेपैल :
https://www.paypal.com/ncp/payment/D6NEFW56KG8LU

Tithe.ly:
https://tithe.ly/give?c=308311

देने के सभी तरीके:
https://www.otakada.org/partnership-giving

आपके पार्टनरशिप देने के लिए धन्यवाद। प्रभु आपको यीशु के नाम पर भरपूर आशीर्वाद दें।

इस किताब के लिए थीम वाले शास्त्र

"संतुष्टि के साथ भक्ति बड़ी कमाई है।" *— 1 तीमुथियुस 6:6*
निर्गमन 20:3–17 • कुलुस्सियों 3:5 • लूका 12:15

ये धर्मग्रंथ इस किताब में बताई गई 12 लड़ाइयों की नींव हैं—दिल की लड़ाइयाँ, जो अंदर ही अंदर चुपचाप लड़ी जाती हैं, लेकिन जिनके नतीजे किस्मत तय करते हैं।

मेरी प्रार्थना है कि जैसे ही आप ये पन्ने पलटेंगे, पवित्र आत्मा आपको खोजेगी, आपको शुद्ध करेगी, आपको सही रास्ते पर लाएगी, और

मसीह को उस जगह पर वापस लाएगी जिसके वह अकेले हकदार हैं—आपके दिल का सिंहासन।

—एम्बेसडर मंडे ओ. ओगबे

, फाउंडर, गॉड्स ईगल मिनिस्ट्रीज़ (GEM)
www.otakada.org

परिचय

मसीह को आंतरिक जीवन के केंद्र में वापस लाना

हर आध्यात्मिक लड़ाई पाप करने, फ़ैसला लेने या नाकामी दिखने से बहुत पहले शुरू हो जाती है। असली लड़ाई का मैदान दिल है — जो दिखता नहीं, सुरक्षित नहीं, और अक्सर बिना मैनेज किया हुआ। फिर भी, यह पूरी दुनिया में आध्यात्मिक रूप से सबसे ज़्यादा स्ट्रेटेजिक इलाका है।

नीतिवचन हमें बताता है:
"सब से ज़्यादा अपने दिल की रक्षा कर, क्योंकि जीवन की बातें उसी से निकलती हैं।" (नीतिवचन 4:23)

सब कुछ यहीं से शुरू या खत्म होता है।
पवित्रता। मकसद। शांति। जलन। मूर्ति पूजा। लालच।
आज्ञाकारिता। पहचान। संतोष।

हृदय वह सिंहासन कक्ष है जहाँ परमेश्वर शासन करना चाहता है - और वह युद्धभूमि है जहाँ दुश्मन कब्ज़ा करना चाहता है।

यह किताब एक ही वजह से है: **आपको वह गद्दी वापस पाने में मदद करने के लिए।**

यह संदेश अब क्यों मायने रखता है

हम एक ऐसी पीढ़ी में जी रहे हैं जो शोर से भरी हुई है — राय, उम्मीदें, ट्रेंड, दबाव और डिजिटल भ्रम जो हमारी अंदरूनी ज़िंदगी को उससे कहीं ज़्यादा बदल देते हैं जितना हम मानते हैं। आज कई मानने वाले

बाहर से मज़बूत दिखते हैं, लेकिन अंदर से थके हुए, भटके हुए, बेचैन, या तुलना, जलन, असुरक्षा, भौतिकवाद और आध्यात्मिक संतुष्टि से चुपचाप घायल होते हैं।

इंसान का दिल भीड़ से भर गया है।
महत्वाकांक्षाओं से भरा हुआ।
डर से भरा हुआ।
उन इच्छाओं से भरा हुआ जो भगवान ने कभी नहीं बोईं। उन आवाज़ों से भरा हुआ जो उनकी फुसफुसाहट को दबा देती हैं।

और जिसे दिल ताज पहनाता है, ज़िंदगी उसका पालन करती है।

इसलिए, लालच सिर्फ़ किसी दूसरे की चीज़ को चाहना नहीं है — यह **पूजा का नया तरीका है** । यह भगवान को गद्दी से उतार देता है और इच्छा को गद्दी पर बिठा देता है। हाँ, यह दसवीं आज्ञा को तोड़ता है, लेकिन आखिर में पहली को तोड़ता है:

"मेरे सामने तुम्हारे पास कोई दूसरा ईश्वर नहीं होगा।"

तुलना भी इसी तरह काम करती है।
ईर्ष्या भी इसी तरह काम करती है। बेचैन महत्वाकांक्षा भी इसी तरह काम करती है। अधार्मिक संतोष भी इसी तरह काम करता है — वह आत्मसंतुष्टि जो तरक्की को खत्म कर देती है।

ये ताकतें चुपके से, धीरे-धीरे, धीरे-धीरे काम करती हैं।
वे चिल्लाती नहीं हैं; वे फुसफुसाती हैं। वे हमला नहीं करतीं; वे खत्म करती हैं। वे तुरंत खत्म नहीं करतीं; वे रोज़ खत्म करती हैं।

इसलिए यीशु ने बार-बार अपने चेलों को न सिर्फ़ पाप के बारे में, बल्कि **दिल की उन बीमारियों के बारे में भी चेतावनी दी जो पाप की ओर ले जाती हैं** - लालच, जलन, खुद को बड़ा समझना, पाखंड और खुद को धोखा देना।

इस किताब में 12 लड़ाइयाँ

आगे के चैप्टर में बारह स्पिरिचुअल लड़ाई के मैदानों के बारे में बताया गया है — बारह पैटर्न जो चुपचाप मसीह को विश्वासी के जीवन के सेंटर से हटा देते हैं।

हर चैप्टर में ये शामिल हैं:

दुनिया भर की एक असल ज़िंदगी की कहानी।
बाइबिल में एक मिलती-जुलती बात जो आध्यात्मिक सिद्धांत को दिखाती है। खुद को परखने के लिए एक गहरी सोच। एक घोषणा जो तालमेल बिठाती है। एक ऐसा प्रैक्टिकल बदलाव जिसे आप तुरंत लागू कर सकते हैं।

यह कोई थ्योरी नहीं है।
यह हार्ट सर्जरी है। यह अंदरूनी जीवन के लिए शिष्यता है।

जैसे-जैसे आप पढ़ेंगे, उम्मीद करें कि:

• दोषी ठहराया गया
• सामना किया गया • जगाया गया • प्रोत्साहित किया गया • मजबूत किया गया • पुनर्निर्देशित किया गया • परिष्कृत किया गया

यह संदेश आपको दोषी ठहराने के लिए नहीं है, बल्कि आपको ज़्यादा आज़ादी और यीशु के साथ गहरी संगति के लिए बुलाता है।

इस किताब को कैसे पढ़ें

धीरे-धीरे पढ़ें।
बार-बार रुकें। हर लड़ाई के दौरान प्रार्थना करें। पवित्र आत्मा को हर कहानी को पर्सनलाइज़ करने दें। उसे अपने दिल के उन हिस्सों को छूने दें जिन्हें आपने शायद नज़रअंदाज़ किया हो, सही ठहराया हो, या नॉर्मल समझा हो।

यह किताब एक आईना है।
और आईने झूठ नहीं बोलते।

अगर आपको घमंड दिखे, तो उसे मान लें।
अगर आपको जलन दिखे, तो उसका सामना करें। अगर आपको बेचैनी दिखे, तो उसे छोड़ दें। अगर आपको मूर्तियाँ दिखें, तो उन्हें तोड़ दें।

पवित्र आत्मा कोमल है, लेकिन वह पूरी तरह से भी है।
वह ठीक करने के लिए बताता है। वह साफ़ करने के लिए दोषी ठहराता है। वह ठीक करने के लिए बताता है।

स्वतंत्रता की ओर एक यात्रा

अगर आप उसे इजाज़त दें, तो यह किताब आपको गाइड करेगी:

• **ईश्वरीय संतोष** जो तरक्की को बढ़ावा देता है
• **इरादे की पवित्रता** जो मकसद को
पूरा करती है • **पहचान की साफ़ पहचान** जो तुलना को शांत करती है

- **आभार** जो जलन को दबा देता है
- **आज्ञाकारिता** जो ज़िद की जगह ले लेती है
- **शांति** जो बेचैनी को खत्म करती है
- **विनम्रता** जो महत्वाकांक्षा को हरा देती है
- **सच्ची पूजा** जो मूर्तिपूजा को खत्म करती है

ये वो जीत हैं जो किस्मत को सहारा देती हैं।

शुरू करने से पहले एक आखिरी न्योता

अपने दिल को शांत करो।
अपनी सुरक्षा छोड़ दो। अपनी आत्मा को प्रभु के सामने धीरे से खोलो।

पहले चैप्टर में कदम रखते ही यह प्रार्थना करें:

**"हे प्रभु, मुझे गहराई से परखो।
जो मैं नहीं देख सकता, उसे दिखाओ। जो तुमने नहीं लगाया, उसे हटा दो। जहाँ मैंने तुम्हें गद्दी से हटाया है, वहाँ राज करो।
यीशु को मेरे दिल के बीच में वापस लाओ।
आमीन।"**

यात्रा में आपका स्वागत है।
आईने में आपका स्वागत है। **दिल के सिंहासन में आपका स्वागत है** ।

मसीह को फिर से राज करने दो।

अध्याय 1 - कानून का धागा और लालच का जाल

जब परमेश्वर ने मूसा को दस आज्ञाएँ दीं, तो उन्होंने पूजा के सिंहासन से शुरुआत की और इच्छा के युद्ध के मैदान पर खत्म किया।

"मेरे सिवा तुम्हारे कोई दूसरे भगवान न होंगे।" — निर्गमन 20:3

"तुम लालच न करना..." — निर्गमन 20:17

ये दोनों अलग-अलग नियम नहीं हैं जो टैबलेट के दो सिरों पर रखे हैं।

ये **बुकएंड हैं** , जो हर दूसरे आदेश को एक साथ रखते हैं।

आखिरी को तोड़ना पहले को तोड़ना है।

लालच करना अपनी चाहत की मूर्ति बनाना है। यह भगवान से चुपचाप कहना है:

"तुम काफी नहीं हो; मुझे किसी और चीज़ से भरना होगा।"

लालसा के उस एक बीज से विनाश का पूरा जंगल उगता है।

लालच एक-एक करके आज्ञाओं को तोड़ता है:

- पहला - ईश्वर के स्थान पर इच्छा रखना
- सातवाँ - जो तुम्हारा नहीं है, उसकी लालसा करना
- आठवाँ - किसी और की चीज़ चुराना
- नौवां - चोरी को बचाने के लिए झूठ बोलना
- छठा — जो आप चाहते हैं उसे पाने के लिए (शारीरिक या भावनात्मक रूप से) मारना

हर नाफ़रमानी का काम लालची दिल से शुरू होता है।

लालच सिर्फ़ चाहना नहीं है;
यह तो आप जो चाहते हैं उसकी पूजा करना है।
यह सिर्फ़ इच्छा नहीं है;
यह इच्छा का सिंहासन है।
यह सिर्फ़ भूख नहीं है;
यह एक अनकंट्रोल्ड भूख है।
लालच एक शांत बगावत है जिसे कोई नहीं देखता, जब तक कि उसका फल तूफ़ान न बन जाए।

दो शाही त्रासदियाँ: दाऊद और अहाब— जब लालच ने ईमानदारी की हत्या कर दी

दाऊद और बतशेबा — 2 शमूएल 11

यह एक नज़र से शुरू हुआ।
छत से एक नज़र। एक बेपरवाह इच्छा।
दाऊद ने बतशेबा को नहाते हुए देखा और वह वह चीज़ चाहता था जो उसकी नहीं थी।
वह नज़र वासना में बदल गई,
वासना व्यभिचार में, व्यभिचार धोखे में, धोखा हत्या में बदल गया।
जो राजा कभी पाप से भागता था, अब उसी की ओर दौड़ा - और अपने पगडंडी को छिपाने के लिए एक आदमी की जान को कुचल दिया।

जब नबी नातान वहाँ पहुँचा, तो उसने दाऊद को एक अमीर आदमी की कहानी सुनाई जो एक गरीब आदमी का मेमना चुरा रहा था - यह लालच इतना ज़्यादा था कि खून की मांग करता था।

"मुझे चाहिए" से शुरू हुई वो **"मैं इसे पाने के लिए जान दे दूंगा"** पर ख़त्म हुई ।

लालच ने "परमेश्वर के मन के अनुसार मनुष्य" को चोर और हत्यारा बना दिया क्योंकि:

जब आप भगवान से अपनी नज़रें हटा लेते हैं, तो
आप वह लेना शुरू कर देते हैं जो भगवान ने कभी नहीं दिया।

अहाब और नाबोत — 1 राजा 21

अहाब के पास महल, अंगूर के बाग, सैनिक और ज़मीन थी।
उसके पास ज़रूरत से ज़्यादा था। लेकिन लालच हमेशा फुसफुसाता है:

"सब कुछ पर्याप्त नहीं है।"

जब उसने नाबोत का छोटा अंगूर का बाग देखा, तो जलन तूफान की तरह भड़क उठी।

नाबोत ने बेचने से मना कर दिया — यह उसके पिता की विरासत थी।
इसलिए इज़ेबेल ने जाली चिट्ठियाँ बनाईं, झूठे गवाह बनाए, नाबोत की हत्या कर दी, और चोरी की ज़मीन अहाब को दे दी।

एक आदमी की मौत हो गई ताकि एक राजा सब्जियां उगा सके।
परमेश्वर ने एलिय्याह के द्वारा गरजकर कहा:

"क्या तुमने हत्या की है और कब्ज़ा भी कर लिया है?"

लालच साज़िश, धोखा, चोरी और खून-खराबे में बदल गया था।
दोनों राजाओं के पास बहुत कुछ था, लेकिन लालच ने उन्हें शुक्रगुजार होने से रोक दिया था।

लालच किसी गरीब आदमी का संघर्ष नहीं है;
यह एक मानवीय संघर्ष है।
यह कमी के बारे में नहीं है;
यह चाहत के बारे में है।

यीशु की चेतावनी

यीशु ने अपने शब्दों को नरम नहीं किया:
“मनुष्य के भीतर से, अर्थात् उसके मन से, बुरे विचार निकलते हैं, अर्थात् व्यभिचार, हत्या, चोरी, लोभ…”
— मरकुस 7:21–22
लालच कोई छोटा पाप नहीं है।
यह एक बीज है जो बर्बादी के जंगल उगाता है। यह भगवान को गद्दी से उतार देता है। यह इच्छा को गद्दी पर बिठा देता है। यह दिल को मूर्तियों की फैक्ट्री बना देता है।
हर मूर्ति की शुरुआत "मुझे चाहिए" से होती है।
हर गिरावट की शुरुआत "मुझे चाहिए" से होती है।
और हर आत्मिक बहाली इस बात से शुरू होती है:
“हे प्रभु, फिर से राज्य करो।”

धागा हमारे जीवन में कैसे बुना जाता है

लालच कभी-कभी ही खुद को ज़ाहिर करता है।
यह अच्छे इरादों के साथ आता है:

- **महत्वाकांक्षा**
- **प्रशंसा**
- **प्रतियोगिता**
- **इच्छा**
- **अवसर**
- **प्रगति**

यह अंदर छिपा है:
• घर – तुलना और होड़ के ज़रिए
• स्कूल – बिना चरित्र की होड़ के ज़रिए • बिज़नेस – ग्रोथ के भेष में लालच के ज़रिए • सरकारें – डेवलपमेंट के भेष में भ्रष्टाचार के ज़रिए • चर्च – प्रेरणा के भेष में नकल के ज़रिए
लालच पूजा करने वालों को दिखावा करने वाला, नौकरों को दुश्मन और नेताओं को एक्टर बना देता है।
यह संतोष का चुपचाप हत्यारा है।
इससे पहले कि हम बारह लड़ाइयों के बारे में जानें, हमें वेब को साफ़-साफ़ देखना होगा — क्योंकि **आप उसे नहीं हरा सकते जिसे आप पहचान नहीं पाते।**
अब, नींव रख देने के बाद, हम दिल के बारह युद्ध के मैदानों की यात्रा पर कदम रखते हैं — लालच के बारह चेहरे और उन पर जीत पाने वाली बारह कृपाएँ।

अध्याय 2 - झूठा आईना

(तुलना और आभार की लड़ाई)

जब सोफ़िया साओ पाउलो से न्यूयॉर्क पहुँची, तो उसके साथ एक सूटकेस, एक उधार का लैपटॉप और एक सपना था: एक फ़ोटोग्राफ़र बनना जो अनदेखे लोगों की कहानियाँ बताए। वह एक शोरगुल वाली डेली के ऊपर एक शेयर्ड फ़्लैट में सोती थी, सुबह उठती थी, और दो काम करती थी—सुबह बरिस्ता, रात में फ़ोटो-एडिटर।

हर वीकेंड, वह हाथ में कैमरा लेकर शहर में घूमती थी, धूप और मुस्कान का पीछा करती थी। एक दोपहर, उसने सेंट्रल पार्क में एक बूढ़े जोड़े को हाथ पकड़े हुए फोटो खींची; उसने इसे "प्यार अभी भी हमारे बीच चलता है" कैप्शन के साथ ऑनलाइन पोस्ट किया। एक हफ्ते के अंदर, इसे हज़ार लाइक्स मिले। पहली बार, सोफिया को लगा कि वह वही बन रही है जिसकी उसने हमेशा कल्पना की थी।

फिर, एल्गोरिदम बदल गया—और तालियां बजना बंद हो गईं।

एक और फोटोग्राफर, इथन ली ने इन्फ्लुएंसर की चमकदार तस्वीरें पोस्ट करना शुरू कर दिया। ब्रांड्स ने उसे नोटिस किया। कुछ ही महीनों में, वह बिलबोर्ड पर दिखने लगा, वर्कशॉप होस्ट करने लगा, और ऐसे इक्विपमेंट खरीदने लगा जिनके बारे में सोफिया सिर्फ सपने में ही सोच सकती थी।

उसके पास अब भी उसका कैमरा था—लेकिन अब उसने दूसरे टैब पर उसका पेज खोल रखा था। हर सुबह, वह उसके फॉलोअर्स को अपने फॉलोअर्स से, उसके कमेंट्स को अपने कमेंट्स से, उसके कैमरे को अपने कैमरे से कम्पेयर करती थी। शूटिंग का मज़ा गायब हो गया; उसकी तस्वीरें ज़बरदस्ती की लगने लगीं। वह धीरे से बोली, "काश मेरे

पास भी वही होता जो उसके पास है, तो मैं आखिरकार कुछ बन पाती।"

एक ठंडी शाम, वह शहर में एक एग्ज़िबिशन में गई। जब वह पॉलिश किए हुए फ्रेम के बीच खड़ी थी, तो उसने दो विज़िटर्स को अपनी एक फ़ोटो के पास फुसफुसाते हुए सुना—पार्क के एक बूढ़े कपल की। "यह किसने ली?" एक ने पूछा। "यह...ज़िंदा लगती है।" "यह सोफ़िया ए. सिल्वा नाम की किसी ने बनाई है," क्यूरेटर ने कहा। "वह ज़्यादा पोस्ट नहीं करती, लेकिन उसमें एक अनोखी बात है—ईमानदारी।"

उन शब्दों ने उसे किसी भी स्पॉटलाइट से ज़्यादा गहरा झटका दिया। उसे एहसास हुआ कि उसने ज़िंदगी को अपने लेंस से देखना बंद कर दिया था; वह एक ऐसे आईने में देख रही थी जो झूठ बोलता था।

उस रात, वह घर गई और महीनों में पहली बार प्रार्थना की।

उसने कहा, "भगवान, मेरे पास जो कुछ भी है, उसके लिए आपका धन्यवाद। मुझे फिर से रोशनी की ओर देखना सिखाएं, लाइक्स की ओर नहीं।"

उसने अपने पुराने, खरोंच वाले कैमरे को झाड़ा और अगली सुबह, वह पार्क में वापस गई। वही जोड़ा वहाँ था—बूढ़ा, धीमा, अभी भी हाथ पकड़े हुए। उसने अपना लेंस उठाया, मुस्कुराई, और शटर दबाया। वह एक क्लिक पूजा जैसा लगा।

बाइबिल का दर्पण

जी उठने के बाद एक बार पीटर गलील के किनारे पर खड़ा था। यीशु ने उसे प्यार से ठीक किया था: "मेरी भेड़ों को चराओ।"

लेकिन पीटर मुड़ा, उसने जॉन को उनके पीछे चलते देखा, और पूछा, "प्रभु, उसके बारे में क्या?" (जॉन 21:20–22)।

और यीशु ने जवाब दिया, "तुम्हें इससे क्या? तुम, मेरे पीछे आओ।"
वहीं, परिवार, उद्धारकर्ता ने उसी बीमारी को उजागर किया जिसने न्यूयॉर्क में सोफिया को जकड़ लिया था—तुलना का ज़हर।
यह ईडन जितना पुराना है।
ईव ने फल को देखा और सोचा, "मुझे वह क्यों नहीं मिल सकता जो किसी और के पास है—या किसी और चीज़ के पास है?" डेविड ने अपनी बालकनी से देखा और सोचा, "मैं उसका हकदार हूँ।" अहाब ने अपने महल से देखा और सोचा, "मुझे नाबोथ का अंगूर का बाग चाहिए।"
तुलना से लालच पैदा होता है।
लालच आभार को हटा देता है। और जब आभार मर जाता है, तो हर आज्ञा खत्म होने लगती है।
मेरी बात सुनो, परिवार: जब आप तुलना करते हैं, तो आप भगवान से कह रहे होते हैं, "आपने मुझे जो दिया वह काफी नहीं है।"
आईना ऐसे ही झूठ बोलता है। यह किसी और की हाइलाइट रील दिखाता है और उसे आपकी नाकामी कहता है। यह आपको बताता है कि आपकी लेन बहुत पतली है, आपकी कहानी बहुत धीमी है।
लेकिन स्वर्ग कभी भी कर्व पर ग्रेड नहीं देता; यह वफ़ादारी को मापता है, फॉलोअर्स को नहीं।

संतोष बनाम आत्मसंतुष्टि

अब, संतोष को आत्मसंतुष्टि समझने की गलती न करें।
आत्मसंतुष्टि हाथ जोड़कर कहती है, "कोशिश क्यों करें?"— यह नकली शांति में लिपटा हुआ आलस है।
संतोष ऊपर देखता है और कहता है, "धन्यवाद, प्रभु। मैं आगे बढ़ता रहूंगा, लेकिन मैं आभार के साथ आगे बढ़ूंगा।"

सोफिया ने तुलना करना छोड़कर फोटोग्राफी नहीं छोड़ी; उसने इसे फिर से खोजा।

जब पीटर ने जॉन को देखना बंद कर दिया, तो वह वह धर्मदूत बन गया जिसने देशों को हिला दिया। संतोष आपकी कहानी खत्म नहीं करता - यह उसे आज़ाद करता है।

प्रतिबिंब

किसकी तरक्की मेरे लिए पैमाना बन गई है?
क्या मैंने तारीफ़ को मूर्तिपूजा में बदल दिया है?
अगर मैं स्क्रॉल करना बंद कर दूं और जो मेरे हाथ में है, उसे संभालना शुरू कर दूं तो क्या होगा?

टेकअवे / घोषणा

"तुलना का आईना झूठ बोलता है, लेकिन आभार का लेंस सच बताता है।"

मेरी बात सुनो, परिवार:

झूठ बोलने वाले आईने में देखना बंद करो। भगवान ने तुम्हें जो लेंस दिया है—तुम्हारे अपने तोहफ़े, तुम्हारा अपना मौसम—उसे उठाओ और ज़िंदगी को फिर से थैंक्सगिविंग के ज़रिए देखो। क्योंकि शुक्रगुज़ारी तुम्हें शांत नहीं करती; यह तुम्हें वहीं चमकाती है जहाँ तुम खड़े हो।

अध्याय 3 - जब ज़्यादा कभी काफ़ी नहीं होता

(लालच और शांति की हानि)

"खाली पेंटहाउस"

रवि मेहता मुंबई में पैदा हुए थे और उनके सपने बड़े थे। उन्होंने खूब पढ़ाई की, किताबें खरीदने के लिए खाना छोड़ा और अपने हॉस्टल के कमरे से एक छोटी सी सॉफ्टवेयर कंपनी बनाई। शुरू में, उन्हें अपनी सफलता इंसाफ़ जैसी लगी — रातों की नींद हराम करने और भीड़ भरी ट्रेनों में दुआओं का इनाम।

बिज़नेस में तेज़ी आई। इन्वेस्टर आए। अवॉर्ड्स भी मिले। जल्द ही रवि के पास दुबई में समुद्र के किनारे एक पेंटहाउस था, कई कारें थीं जिन्हें वह बहुत कम चलाते थे, और एक घड़ी थी जिसकी कीमत उनके पिता की पूरी ज़िंदगी की बचत से भी ज़्यादा थी।

लेकिन कुछ अजीब हुआ। वह जितना ऊपर चढ़ता गया, सांस लेना उतना ही मुश्किल होता गया। हर सुबह, कॉफी पीने से पहले, वह फोर्ब्स लिस्ट चेक करता था। हर रात, वह सुबह 3 बजे तक स्टॉक चार्ट रिफ्रेश करता था। उसकी पत्नी, अंजलि ने एक बार पूछा, "यह कब काफी होगा?"

वह हंसकर टाल गया। "अगला माइलस्टोन," उसने कहा।

फिर एक दिन, कंपनी की मीटिंग के दौरान, एक जवान इंटर्न थकान से गिर पड़ी। वह उसे इम्प्रेस करने के लिए ट्रिपल शिफ्ट में काम कर रही थी। जब वे उसे ले जा रहे थे, रवि ने कांच की दीवार में अपनी परछाई

देखी — वही काले घेरे, वही खालीपन। उस रात, वह पेंटहाउस में अकेला बैठा था और उसे एहसास हुआ कि उसने बिना शांति का महल बना लिया है।
कुछ हफ़्ते बाद, वह लेक्चर देने के लिए अपने पुराने कॉलेज गया। उसके बाद, वह कैंपस कैंटीन में गया और अपने पुराने प्रोफ़ेसर को सादा चावल और दाल खाते हुए पाया। वह आदमी मुस्कुराया, "रवि! तुम हमेशा आसमान के पीछे भागते रहते थे। क्या तुमने कभी सूरज उगने का मज़ा लेने के लिए रुका?"
इस सवाल ने उसे तोड़ दिया।
रवि घर गया और दो चेक लिखे: एक गरीब स्टूडेंट्स के लिए स्कॉलरशिप के लिए, दूसरा ज़्यादा काम करने वाले टेक वर्कर्स के लिए एक फाउंडेशन शुरू करने के लिए। सालों में पहली बार, वह पूरी रात सोया।

बाइबिल का दर्पण

दोस्तों, लालच का धर्मग्रंथ में एक जाना-पहचाना चेहरा है।
गेहजी नामान की चांदी के पीछे भागा और कोढ़ की बीमारी लेकर लौटा (2 राजा 5)। अमीर युवा शासक दुखी होकर चला गया क्योंकि पूजा की जगह धन ने ले ली थी (मरकुस 10:17-22)। अहाब नाबोत का अंगूर का बाग चाहता था और उसे पाने के लिए उसने हत्या कर दी। दाऊद को दूसरे आदमी की पत्नी चाहिए थी और उसने इसे छिपाने के लिए हत्या कर दी।

मेरी बात सुनो दोस्तों: लालच चोरी से शुरू नहीं होता — यह इस सोच से शुरू होता है कि भगवान पर आपका ज़्यादा एहसान है।
यह लालच करके दसवीं आज्ञा तोड़ता है, चोरी करके आठवीं, बर्बाद

करके छठी, और भगवान के बजाय फ़ायदे की पूजा करके पहली आज्ञा तोड़ता है।

यीशु ने कहा, “हर तरह के लालच से सावधान रहो, क्योंकि किसी इंसान की ज़िंदगी उसके बहुत सारे पैसों से नहीं होती।” (लूका 12:15)

लालच सिर्फ़ पैसे के बारे में नहीं है; यह दिल के बारे में है जो भरा होने पर भी आराम नहीं कर सकता।

संतोष बनाम आत्मसंतुष्टि

इच्छा के दोनों तरफ खतरा है।

लालच कभी खत्म नहीं होता। आत्मसंतुष्टि कभी बनना शुरू नहीं होती। संतोष बीच में है — आज के लिए आभारी, कल के लिए वफ़ादार।

रवि ने बिज़नेस नहीं छोड़ा; उसने उसे वापस पाया। उसने सीखा कि देने से वह छोटा नहीं होता; इससे वह आज़ाद होता है। जब लालच की जगह आभार ने ले ली, तो सफलता मास्टर बनना बंद करके एक मिनिस्ट्री बन गई।

प्रतिबिंब

मैंने किस चीज़ का इतनी मेहनत से पीछा किया है कि रास्ते में मेरी शांति चली गई है?

क्या मेरी महत्वाकांक्षा एक ऐसी जगह बन गई है जहाँ मैं रिश्तों को त्याग कर आराम करूँ?

क्या उदारता वह दवा हो सकती है जिसकी मेरी आत्मा को ज़रूरत है?

टेकअवे / घोषणा

“लालच गिनती करता रहता है; आभार देना जारी रखता है।”
मेरी बात सुनो दोस्तों:
जब ज़्यादा ही तुम्हारा भगवान बन जाता है, तो काफ़ी कभी नहीं होगा। लेकिन जिस पल तुम देना शुरू करते हो, ज़ंजीरें टूट जाती हैं। सच्ची खुशहाली यह नहीं है कि तुम कितना रखते हो; यह है कि तुम खुशी खोए बिना कितना छोड़ सकते हो।

चैप्टर 4 - द स्टेज लाइट ट्रैप (ईर्ष्या और मकसद के लिए लड़ाई)

"वह गीत जिसने चुप्पी तोड़ी"

जीना नाम की एक युवा सिंगर तेज़ रोशनी और ज़ोरदार तालियों के सपने देखते हुए बड़ी हुई। उसकी आवाज़ ट्रैफ़िक रोक सकती थी; उसके स्कूल के क्वायर ने उसे "द मिरेकल नोट" कहा। जब एक मशहूर टैलेंट शो ने ऑडिशन अनाउंस किए, तो वह कांपते हाथों और उम्मीद से भरे दिल के साथ अंदर गई।

उसने जी भरकर गाया—लेकिन एक और कंटेस्टेंट, मिंसियो, जीत गई। जीना ने स्टेज पर ताली बजाई, कैमरों के लिए मुस्कुराई, और धीरे से बधाई दी, लेकिन अंदर ही अंदर कुछ टूट गया। जिस लड़की की वह तारीफ़ करती थी, वही लड़की बन गई जिससे वह मन ही मन नफ़रत करती थी।

महीनों बाद, मिंसियो के गाने चार्ट्स में छा गए। जीना ने अपने YouTube चैनल पर मिंसियो के म्यूज़िक के कवर अपलोड करना शुरू कर दिया। वह जितना ज़्यादा नकल करती, उसके उतने ही ज़्यादा फॉलोअर्स बनते—और वह उतना ही खाली महसूस करती। उसकी अपनी धुनें धूल फांक रही थीं।

एक रात, शहर के एक लाउंज में एक परफ़ॉर्मेंस के बाद, उसने कोने में एक बूढ़े आदमी को गिटार बजाते हुए सुना। उसका केस खुला हुआ था, आधा खाली। गानों के बीच, उसने धीरे से कहा, "हर कोई स्टेज चाहता है; कहानी कुछ ही लोगों को चाहिए।" यह बात उसके दिल में बैठ गई।

जब वह घर पहुँची, तो उसने अपनी अधूरी लिरिक्स की पुरानी नोटबुक खोली और उसमें एक लिरिक्स मिला जिसका टाइटल था "साइलेंट गर्ल।" उसे याद आया कि उसने यह लिरिक्स उसके दिल में जलन आने से पहले लिखे थे—कच्चे, सच्चे, भगवान के लिए चाहत से भरे हुए। उसने धीरे से कहा, "भगवान, अगर आप अब भी यह आवाज़ चाहते हैं, तो इसे वापस ले लें।"
कुछ हफ़्ते बाद उसने एक छोटे चैरिटी कॉन्सर्ट में "साइलेंट गर्ल" लाइव गाया। कोई आतिशबाजी नहीं, कोई शोहरत नहीं—बस सच।
ऑडियंस में बैठी एक माँ रो पड़ी, और बोली, "उस गाने ने मुझे माफ़ करने में मदद की।" उस रात जीना को परफॉर्म करने और सेवा करने में फ़र्क समझ आया। शोहरत ने उसे नकल करने वाला बना दिया था; दर्द ने उसे असली बना दिया था।

बाइबिल का दर्पण

दोस्तों, जलन एक चोर है जिसके कदम धीमे होते हैं। राहेल को लिआ के बच्चों से जलन होती थी; लिआ को राहेल के प्यार से जलन होती थी (जेनेसिस 30)। उनकी तुलना ने आशीर्वाद को लड़ाई में बदल दिया। जेम्स और जॉन ने यीशु से महिमा की दाईं और बाईं सीटों के लिए पूछा (मार्क 10:35–37); उन्होंने जवाब दिया, "क्या तुम वह प्याला पी सकते हो जो मैं पीता हूँ?"—यह सिखाते हुए कि महानता मुकाबले से नहीं बल्कि बुलाने से मिलती है।
मंत्री भी इस जाल में फँस जाते हैं। हम दूसरों के अभिषेक से जलते हैं, उनके तौर-तरीकों की नकल करते हैं, उनके पीछे चलने की चाहत रखते हैं। हम भूल जाते हैं कि कृपा कोई पोशाक नहीं है—यह एक वादा है। जब पीटर ने जॉन को देखा और पूछा, "प्रभु, उसके बारे में क्या?" यीशु ने कहा, "तुम्हें इससे क्या? तुम मेरे पीछे आओ।" (जॉन 21:20–22)

मेरी बात सुनो, दोस्तों: जलन आपको तेज़ नहीं बनाती; यह आपको बेवफ़ा बनाती है। यह आपको यकीन दिलाती है कि किसी और की लेन आपकी मंज़िल से बेहतर है। यहाँ लालच सिर्फ़ दसवीं आज्ञा ही नहीं तोड़ता; यह पहली आज्ञा भी तोड़ता है—क्योंकि हम भगवान की जगह तारीफ़ करने लगते हैं।

संतोष बनाम आत्मसंतुष्टि

संतोष सपनों को नहीं मारता; यह इरादों को साफ़ करता है।
आत्मसंतुष्टि कहती है, "कोशिश क्यों करें? वे वैसे भी बेहतर हैं।"
संतोष कहता है, "मैं अपना सबसे अच्छा दूँगा—शुक्र से, बेमन से नहीं।"
जीना ने म्यूज़िक छोड़ा नहीं; उन्होंने सुरों में सेवा को फिर से खोजा। जब उन्होंने नकल करना बंद किया, तो उनकी अपनी आवाज़ में हीलिंग थी। जब जलन की जगह आभार आ जाता है तो ऐसा ही होता है—आप दूसरों की नकल करना बंद कर देते हैं और भगवान को बताना शुरू कर देते हैं।

प्रतिबिंब

किसकी सफलता मुझे चुपके से असहज कर देती है?
क्या मैंने तारीफ़ को जुनून समझ लिया है?
अगर कोई कभी ताली नहीं बजाता, तो क्या मैं तब भी सेवा करता, गाता, कुछ बनाता या उपदेश देता?

टेकअवे / घोषणा

“ईर्ष्या तालियों के लिए मुकाबला करती है; उद्देश्य आज्ञाकारिता को पूरा करता है।”

दोस्तों, मेरी बात सुनो:

स्टेज की रोशनी के लिए जीना बंद करो; उसकी मुस्कान के उगते सूरज के लिए जियो। जब तुम्हारा मकसद पूजा बन जाता है, तो तुम्हारा प्लेटफॉर्म पवित्र ज़मीन बन जाता है। इतने खुश रहो कि आगे बढ़ सको और इतने शुक्रगुजार रहो कि सिर्फ़ उसके लिए चमक सको।

चैप्टर 5 - वह दरवाज़ा जिसे आपको नहीं खोलना चाहिए (इच्छा, लालच और पवित्रता की लड़ाई)

"होटल के कमरे की खिड़की"

डेनियल दुबई में एक मल्टीनेशनल फर्म के लिए काम करते थे, और तीन कॉन्टिनेंट्स में क्लाइंट्स को मैनेज करते थे। वह चार्मिंग, साफ बोलने वाले थे, और उनकी हाल ही में अपनी ज़िंदगी के प्यार, अमारा से शादी हुई थी। वे नैरोबी के चर्च में मिले थे, और सब उन्हें "वह कपल जो साथ में प्रार्थना करते थे" कहते थे।

फिर प्रमोशन आया—रीजनल डायरेक्टर। इसके साथ ट्रैवल, लग्ज़री होटल और सफलता के रूप में अकेलापन भी आया।

एक देर रात की कॉन्फ्रेंस के दौरान, मीटिंग्स के एक लंबे दिन के बाद, वह यास्मीन से मिला, जो एक क्लाइंट लाइजन थी। वह मज़ाकिया, दयालु थी और उसके सभी जोक्स पर हंसती थी। वे आर्ट, कल्चर और कॉर्पोरेट लाइफ की थकान के बारे में बात करते थे। पहले तो यह मासूमियत भरा था—बिज़नेस डिनर, शेयर्ड कैब, पोलाइट टेक्स्ट।

लेकिन एक शाम, जब वे उसके होटल की खिड़की से दुबई की स्काईलाइन देख रहे थे, तो उसने अपना हाथ उसके हाथ पर रख दिया।

दुनिया रुक गई।

उसके अंदर की हर चीज़ कह रही थी, "बस एक रात से कोई नुकसान नहीं होगा।"

लेकिन कहीं गहरे में, एक और आवाज़ फुसफुसाई, "यह वह दरवाज़ा है जो सब कुछ बर्बाद कर देता है।"

उसने माफ़ी मांगी, बाथरूम में गया और अपनी परछाई देखी। उसे एक कामयाब आदमी नहीं, बल्कि एक कांपता हुआ पति दिखा जो उसकी शांति बनाने वाली कसमों को तोड़ने वाला था। उसके चेहरे पर आंसू बह रहे थे। वह ठंडी टाइलों पर घुटनों के बल बैठ गया और धीरे से बोला, "हे भगवान, मुझसे पहले यह दरवाज़ा बंद कर दो।"

अगली सुबह, डेनियल ने जल्दी चेक आउट कर लिया। उसने क्लाइंट अकाउंट दूसरी ब्रांच में ट्रांसफर कर दिया और एक हफ़्ते की छुट्टी ले ली। जब उसने अपनी पत्नी को बताया कि क्या होने वाला था, तो वह रो पड़ी, गुस्से में नहीं—बल्कि राहत की सांस लेकर। यही बात उनकी शादी को बचाने वाली दीवार बन गई।

कई सालों बाद, डैनियल ने जवान लड़कों से कहा, "शैतान को दरवाज़ा लात मारने की ज़रूरत नहीं है; उसे बस यह चाहिए कि तुम उसे खोलो।"

बाइबिल का दर्पण

दोस्तों, यह कहानी नई नहीं है। डेविड ने बाथशेबा को छत पर नहाते हुए देखा और एक नज़र में हवस का दरवाज़ा खोल दिया। जो राजा कभी दानवों को मारता था, वह हवस की वजह से मारा गया। उसने वह ले लिया जो उसका नहीं था, अपना वादा तोड़ा, उसे छिपाने के लिए झूठ बोला, और उसे छिपाने के लिए उरीया को मार डाला (2 सैमुअल 11)।

उस एक फ़ैसले ने दस आज्ञाओं में से आधी तोड़ दीं:

वह दूसरे आदमी की पत्नी (10वीं) पर लालच करता था।

उसने उसे (8वीं) चुरा लिया.

उसने व्यभिचार किया (7वां)।

उन्होंने इसे छिपाने के लिए झूठ बोला (9वां)।
उसने निर्दोष (6वें) की हत्या कर दी।
यह सब इसलिए हुआ क्योंकि उसने बहुत देर तक देखा और बहुत पास रुका रहा।
लालच सिर्फ़ वो चीज़ चाहना नहीं है जो आपकी नहीं है - इसका मतलब है इस बात पर शक करना कि जो भगवान ने दिया है वो काफ़ी है।
मेरी बात सुनो, दोस्तों: हर लालच एक सोच से शुरू होता है जो कहती है, "तुम इसके लायक हो।" लेकिन भगवान के समय के बाहर तुम जो "हकदार" हो, वह हमेशा तुम्हें अंदर से खत्म कर देगा।

संतोष बनाम आत्मसंतुष्टि

पवित्रता का मतलब आकर्षण का न होना नहीं है; यह सीमाओं का होना है। आत्मसंतुष्टि कहती है, "मैं काफी मज़बूत हूँ; मैं इसे संभाल सकता हूँ।" संतोष कहता है, "भगवान ही काफी है; मुझे खुद को परखने की ज़रूरत नहीं है।"
डैनियल की पवित्रता परफेक्शन से नहीं बल्कि रुकने से आई थी। वह ताकत साबित करने के लिए नहीं रुका; वह एग्रीमेंट को बचाने के लिए भागा। सैमसन और जोसेफ में यही फर्क है। सैमसन रुका और सब कुछ खो दिया। जोसेफ भागा और सब कुछ पा लिया।

प्रतिबिंब

मैं इस समय किस "हानिरहित" दरवाजे के बहुत करीब खड़ा हूं?
क्या मैं किसी ऐसे पाप से खिलवाड़ कर रहा हूँ जिसे मैं संभाल सकता हूँ?

क्या मैंने भगवान के चेतावनी के संकेतों को गलती से अपराध बोध समझ लिया है जिसे मैं नज़रअंदाज़ कर सकता हूँ?

टेकअवे / घोषणा

"जिस दरवाज़े को आप खोलने से मना करते हैं, वही दीवार आपकी किस्मत की रक्षा करती है।"

मेरी बात सुनो, दोस्तों:

पाप काम से शुरू नहीं होता—यह इजाज़त से शुरू होता है। अगर तुम अपनी नज़र बचाओगे, तो तुम अपनी कृपा बचाओगे। और जब भगवान तुम्हारी पवित्रता के लिए कोई दरवाज़ा बंद करे, तो उसे धक्का मत दो—उनका शुक्रिया अदा करो।

चैप्टर 6 - छोटे झूठ, बड़े लीक (धोखा और ईमानदारी का नुकसान)

"छात्र का शॉर्टकट"

माया टोरंटो में एक शांत कॉलेज स्टूडेंट थी—बहुत होशियार, डिसिप्लिन्ड और हमेशा अपनी क्लास में टॉप पर रहती थी। उसके माता-पिता भारत से सिर्फ़ विश्वास और उम्मीद लेकर आए थे। उसके पिता कहते थे, "तुम ही हमारा कल हो।"

जब आखिरी सेमेस्टर आया, तो प्रेशर और बढ़ गया। ग्रेड का मतलब था स्कॉलरशिप, स्कॉलरशिप का मतलब था रेज़िडेंसी, और रेज़िडेंसी का मतलब था उसके परिवार का भविष्य। उसने खूब पढ़ाई की, लेकिन स्टैटिस्टिक्स—एक ऐसा सब्जेक्ट जिससे उसे नफ़रत थी—उसे बार-बार परेशान करता रहा।

एग्जाम से एक रात पहले, एक क्लासमेट ने उसे मैसेज भेजा: "मुझे लीक हुआ पेपर मिल गया है। यह सिर्फ़ रेफरेंस के लिए है।"

माया एकदम चुप हो गई। "सिर्फ़ रेफरेंस के लिए" सुनने में कोई नुकसान नहीं पहुँचाने वाला लगा। उसने खुद से कहा, "मैं झाँक कर देखूँगी कि क्या उम्मीद करनी है।" उसने इसे डाउनलोड किया, कुछ सवाल पढ़े, और खुद को यकीन दिलाया कि उसने मुश्किल से ही देखा है।

अगले दिन, एग्जाम हॉल में बैठी, उसने देखा कि वही सवाल उसकी शीट पर छपे थे। उसके सीने में घबराहट दौड़ गई। उसने तेज़ी से लिखा, सबसे पहले खत्म किया, और कांपते हुए बाहर निकली—जीत से नहीं, बल्कि डर से।

एक हफ़्ते बाद, उसे डीन के ऑफ़िस में बुलाया गया। पेपर उसके क्लासमेट के सर्वर पर ट्रेस हो गया था, और उसका डिजिटल फ़ुटप्रिंट दिख रहा था। माया की स्कॉलरशिप कैंसिल कर दी गई। उसे साल दोहराने का मौका दिया गया, लेकिन अब उसके रिकॉर्ड में "एकेडमिक बेईमानी" लिखा था।

उस रात, वह अपने डॉर्म में बैठी अपनी परछाई को घूर रही थी। "एक छोटा सा झूठ," उसने धीरे से कहा, "और मेरा पूरा सच बाहर आ गया।"

कुछ महीने बाद, उसने इमिग्रेंट बच्चों के लिए एक लिटरेसी सेंटर में वॉलंटियर करना शुरू कर दिया। एक दोपहर, उसने एक 12 साल के लड़के से, जिसने स्पेलिंग टेस्ट में चीटिंग की थी, कहा, "तुम अपने शॉर्टकट से बेहतर हो।" वह हल्की सी मुस्कुराई, उसे एहसास हुआ कि वह आखिरकार खुद से यही बात कह रही थी।

बाइबिल का दर्पण

दोस्तों, छोटे झूठ बड़े जहाज़ों को डुबो देते हैं। जैकब ने अपने पिता इसहाक को धोखा दिया, आशीर्वाद पाने के लिए एसाव बनने का नाटक किया (उत्पत्ति 27)। सालों तक वह नतीजों से भागता रहा। उसने नाम तो पाया, लेकिन शांति खो दी।

हनन्याह और सफीरा ने प्रॉपर्टी बेची और मुनाफ़े के बारे में झूठ बोला (प्रेरितों के काम 5)। वे ईमानदारी के बिना उदारता की इमेज चाहते थे—और उनकी कहानी दुखद रूप से खत्म हुई।

मेरी बात सुनो दोस्तों: धोखा बुरे दिल से शुरू नहीं होता; यह डरे हुए दिल से शुरू होता है। यह खुद से कहता है, "यह असल में गलत नहीं है—बस ज़रूरी है।" लेकिन हर आधा सच एक पूरा नतीजा पैदा करता है।

जब आप झूठ बोलते हैं, तो आप सिर्फ़ सच को ही नहीं तोड़ते—आप विश्वास भी तोड़ते हैं। लालच बिना ज़िम्मेदारी के इनाम चाहता है; धोखा उसकी भाषा है। यह नौवीं आज्ञा (झूठी गवाही) को तोड़ता है, लेकिन पहली आज्ञा को भी तोड़ता है—क्योंकि हम अपने भगवान से ज़्यादा अपनी चालों पर भरोसा करने लगते हैं।

संतोष बनाम आत्मसंतुष्टि

आत्मसंतुष्टि कहती है, "हर कोई ऐसा करता है—यह कोई बड़ी बात नहीं है।" संतोष कहता है, "मैं दागों के साथ सफल होने के बजाय ईमानदारी से असफल होना पसंद करूँगा।"

माया की वापसी छिपने से नहीं, बल्कि ईमानदारी से हुई। जब उसे अपनी नाकामी का सामना करना पड़ा, तो भगवान ने उसकी इज़्ज़त फिर से बनानी शुरू कर दी। दोस्तों, कबूल करना बेइज्जती नहीं है—यह बनाना है। सच के लिए आज आपको कीमत चुकानी पड़ सकती है, लेकिन यह हमेशा के लिए आपको फ़ायदा देता है।

प्रतिबिंब

बेहतर दिखने के लिए मुझे "सच को तोड़ने-मरोड़ने" का लालच कब आया?

क्या मैं असलियत से ज़्यादा दिखावे को महत्व देता हूँ?

मेरी ईमानदारी की क्या कीमत है—मेरे लिए, भगवान के लिए, उन लोगों के लिए जो मुझ पर भरोसा करते हैं?

टेकअवे / घोषणा

"छोटे झूठ बड़ी किस्मत बिगाड़ देते हैं।"

दोस्तों, मेरी बात सुनोः

ईमानदारी ऑक्सीजन की तरह है—आपको इसका पता तभी चलता है जब यह चली जाती है। अगर आप इज़्ज़त खो देते हैं, तो भगवान इसे फिर से बना सकते हैं; लेकिन अगर आप ईमानदारी खो देते हैं, तो सफलता भी दम तोड़ देती है। सच पर डटे रहो, तब भी जब वह डगमगाए; यही एकमात्र ज़मीन है जो कभी नहीं गिरती।

चैप्टर 7 - टॉप की दौड़ जो नीचे जाकर खत्म होती है (महत्वाकांक्षा, गर्व और सेवा का आह्वान)

"मंत्री की कुर्सी"

क्वामे मेन्सा बचपन से ही लीडरशिप का सपना देखते थे। अकरा में बड़े होते हुए, वह अक्सर कुर्सियों पर खड़े होकर कहते थे, "एक दिन मैं इस देश को लीड करूँगा!" उन्होंने पॉलिटिकल साइंस की पढ़ाई की, स्टूडेंट गवर्नमेंट में शामिल हुए, और जल्द ही अपने चार्म और विज़न के लिए जाने जाने लगे।

जब वे आखिरकार नेशनल पॉलिटिक्स में आए, तो वे एक युवा शेर थे—तेज़, बोलने में माहिर, जिसे रोका न जा सके। उनके कैंपेन का नारा था, "हम साथ मिलकर आगे बढ़ेंगे।" लेकिन जैसे ही उन्होंने ऑफिस संभाला, वे ऊपर उठने लगे जबकि बाकी सब नीचे झुक गए। पावर का नशा सा लग रहा था। पहली बार जब उन्होंने कोई ऑर्डर दिया और देखा कि उसका तुरंत पालन हो रहा है, तो उनके अंदर से कुछ फुसफुसाया, "तुम इसके लायक हो।" जल्द ही, हर मीटिंग लीडरशिप के बारे में नहीं, बल्कि लॉयल्टी के बारे में होने लगी; तालियों के बारे में, अकाउंटेबिलिटी के बारे में नहीं। उन्होंने अपने साथी मिनिस्टर्स के साथ कॉम्पिटिशन करना शुरू कर दिया—बड़े प्रोजेक्ट्स, बड़ी अचीवमेंट्स और लंबे कॉन्वॉय के बारे में डींगें हाँकना।

एक दिन, एक नेशनल कॉन्फ्रेंस में, क्वामे ने एकता के बारे में एक जोशीला भाषण दिया। भीड़ ज़ोर-ज़ोर से चिल्ला रही थी, कैमरे चमक

रहे थे, और उनके सलाहकारों ने इसे "ऐतिहासिक" कहा। लेकिन जब वे स्टेज से उतरे, तो उन्होंने एक बुज़ुर्ग चौकीदार को हॉल में पोछे की बाल्टी धकेलने की कोशिश करते देखा। वह आदमी फिसल गया, और गंदा पानी क्वामे के पॉलिश किए हुए जूतों पर गिर गया।
गुस्से से उसकी रीढ़ की हड्डी में दर्द होने लगा। "क्या तुम जानते हो मैं कौन हूँ?" वह चिल्लाया।
बूढ़े आदमी ने बस सिर झुकाया और कहा, "हाँ, सर। आप ही वो आदमी हैं जिस पर भगवान ने लोगों की जान का भरोसा किया है।"
यह बात बिजली की तरह कौंधी।

उस रात, क्वामे सो नहीं सका। उसने फिर से उन गरीबों के चेहरे देखे जिनकी सेवा करने का उसने एक बार वादा किया था—और उसे एहसास हुआ कि वह ऊपर की ओर दौड़ रहा था जबकि देश नीचे ही रह गया था। वह अपने बिस्तर के पास घुटनों के बल बैठ गया और प्रार्थना की, "हे भगवान, मुझे छोटा बना दो ताकि मैं फिर से सेवा कर सकूँ।"
कुछ हफ़्ते बाद, उन्होंने चुपचाप गांवों में पानी की एक पहल शुरू की—हेडलाइन के लिए नहीं, बल्कि इलाज के लिए। उन्होंने बिना बताए गांवों का दौरा करना शुरू कर दिया, सेवा की निशानी के तौर पर बच्चों के पैर धोने लगे। उनके स्टाफ़ ने कहा कि वह "बदल गए हैं," लेकिन सच तो यह था कि वह आखिरकार लौट आए थे।

बाइबिल का दर्पण

दोस्तों, बड़ा बनने की चाहत बुरी नहीं है; मतलबी बड़ा बनने की चाहत बुरी है। एक बार चेले जेम्स और जॉन यीशु के पास आए और उनसे कहा, "हमें अपनी शान में अपने दाएं और बाएं बैठने का मौका दो।" (मरकुस 10:35–37) यीशु ने उनकी महानता की चाहत को बुरा-भला

नहीं कहा—उन्होंने इसे फिर से बताया: "जो कोई भी बड़ा बनना चाहता है, उसे सेवक बनना होगा।"

लूसिफ़र इसलिए नहीं गिरा क्योंकि उसमें टैलेंट की कमी थी, बल्कि इसलिए गिरा क्योंकि उसे राजगद्दी चाहिए थी। वह भगवान को दिखाने के बजाय उनसे ऊपर उठना चाहता था। टॉप पर पहुँचने की उसकी दौड़ हमेशा के लिए नीचे आकर खत्म हो गई।

दोस्तों, मेरी बात सुनो: जब भी एम्बिशन सेल्फ-सेंटर्ड हो जाती है, तो मकसद की जगह घमंड ले लेता है। लालच सिर्फ चीज़ों की चाहत नहीं रखता; यह पोजीशन की चाहत रखता है। यह पहली आज्ञा (खुद को पूजना) और दसवीं (दूसरों की चीज़ की चाहत रखना) को तोड़ता है। जैसे दाऊद ने बतशेबा के साथ और अहाब ने नाबोत के साथ किया था, जब तुम वो चाहते हो जो तुम्हारे लिए तय नहीं है, तो तुम बुलावे से राज करना बंद कर देते हो और लालच से राज करना शुरू कर देते हो—और यहीं से राज्य खत्म हो जाते हैं।

संतोष बनाम आत्मसंतुष्टि

आत्मसंतुष्टि कहती है, "दूसरों को लीड करने दो; मैं कुछ न करके ठीक हूँ।" स्वार्थी महत्वाकांक्षा कहती है, "मेरे अलावा कोई और लीड नहीं कर सकता।" संतोष कहता है, "मैं तब, जहाँ और जैसे भगवान मुझसे कहेंगे, लीड करूँगा—और जब वह कहेंगे कि बहुत हो गया, तो मैं कृपा से पीछे हट जाऊँगा।"

क्वामे ने पाया कि लीडरशिप कोई सीढ़ी नहीं है; यह एक वेदी है। आप इस पर चढ़ते नहीं हैं - आप इस पर घुटने टेकते हैं। जब उन्होंने तालियों की जगह जवाबदेही को चुना, तो वे घमंड से ज़्यादा विनम्रता में मज़बूत हो गए।

प्रतिबिंब

क्या मैं लोगों की सेवा करता हूँ, या मैं चुपके से उनसे अपनी सेवा की उम्मीद करता हूँ?
क्या मेरा काम एक कॉम्पिटिशन बन गया है?
अगर किसी ने कभी ध्यान न दिया होता तो क्या मैं तब भी वही करता जो मैं करता हूँ?

टेकअवे / घोषणा

"अगर आप खुद के लिए ऊपर चढ़ते हैं, तो आप गिरेंगे; लेकिन अगर आप घुटनों के बल ऊपर चढ़ते हैं, तो आप खड़े रहेंगे।"
मेरी बात सुनो, दोस्तों:
परमेश्वर के राज्य में, ताज तौलियों से बनते हैं। हर नेता पहले एक सेवक होता है, और हर सिंहासन पहले एक क्रॉस होता है। जब आप विनम्रता को अपनी महत्वाकांक्षा बनाते हैं, तो परमेश्वर महानता को आपकी विरासत बना देता है।

चैप्टर 8 - चमकदार चीज़ें जिनमें जंग लगता है (मैटेरियलिज़्म और स्पिरिचुअल वेल्थ की खोज)

"प्रभावशाली व्यक्ति का भ्रम"

अमीरा दुबई में रहती थी, जो कांच और चमक का शहर है। वह एक लाइफस्टाइल इन्फ्लुएंसर थी जिसके पांच लाख फॉलोअर्स थे और उसका चेहरा हमेशा चमकता रहता था। उसकी ऑनलाइन दुनिया एकदम सही थी—डिजाइनर बैग, रूफटॉप ब्रंच, इनफिनिटी पूल के किनारे सनसेट सेल्फी। उसका कैप्शन अक्सर लिखा होता था, "सपने को जीना।"

लेकिन ऑफलाइन, उसका किराया बाकी था, उसके क्रेडिट कार्ड खत्म हो चुके थे, और उसकी मुस्कान अक्सर मजबूरी में होती थी। हर लाइक उसे पांच सेकंड का हाई देता था, फिर चिंता वापस आ जाती थी। जब मॉल में एक फैन ने उसे पहचाना और कहा, "आप बहुत लकी हैं—आप दुनिया की सबसे खुश औरत होंगी," अमीरा प्यार से हंसी और रेस्ट रूम चली गई—जहां उसने स्टॉल बंद कर दिया और रो पड़ी।

उसने सालों तक अपनापन खरीदने की कोशिश की थी। जिस खालीपन के लिए वह कभी प्रार्थना करती थी, वह अब एक बिज़नेस प्लान बन गया था।

फिर एक दोपहर, एक "आभार पोस्ट" शूट करते समय, उसके कैमरे की बैटरी खत्म हो गई। परेशान होकर, वह अपना फ़ोन चार्ज करने के लिए पास के एक पुराने चर्च में चली गई। एक छोटा सा क्वायर

रिहर्सल कर रहा था। कोई माइक्रोफ़ोन नहीं, कोई ऑडियंस नहीं—बस कच्ची आवाज़ें "इट इज़ वेल विद माई सोल" गा रही थीं।
उसके अंदर कुछ टूट गया। वह चुपचाप बैठी रही और रोती रही—पहले राहत के लिए, फिर पछतावे के लिए। उस शाम, उसने कुछ भी पोस्ट नहीं किया। पहली बार, उसने बिना रिकॉर्ड किए सनसेट देखा।
कुछ हफ़्ते बाद, उसने मुश्किल में फंसी महिलाओं के लिए एक शेल्टर में वॉलंटियर करना शुरू कर दिया, और लाइक्स के लिए नहीं बल्कि अवेयरनेस के लिए फ़ोटो लेती थी। उसकी नई पोस्ट्स पर फ़ॉलोअर्स कम थे लेकिन उनमें सच्चाई ज़्यादा थी। एक दिन उसका कैप्शन बस इतना था: "मैं चमकदार चीज़ों के पीछे भागती थी—जब तक मुझे वह रोशनी नहीं मिल गई जो कभी फीकी नहीं पड़ती।"

बाइबिल का दर्पण

दोस्तों, यीशु ने कहा, "अपने लिए धरती पर धन इकट्ठा मत करो, जहाँ कीड़ा और ज़ंग उसे नष्ट कर देते हैं।" (मैथ्यू 6:19) वह सफलता की बुराई नहीं कर रहे थे; वह उसकी गुलामी का सामना कर रहे थे।
अमीर युवा शासक ने सभी आज्ञाओं का पालन किया—पहली आज्ञा को छोड़कर। वह यीशु से दूर चला गया, इसलिए नहीं कि उसमें विश्वास की कमी थी, बल्कि इसलिए कि वह किस्मत को जाने नहीं दे सकता था। उसकी दौलत ने उसे अपने वश में कर लिया था।
अहाब को नाबोत का अंगूर का बाग चाहिए था; दाऊद को किसी और की पत्नी चाहिए थी। दोनों के पास पहले से ही बहुत कुछ था, फिर भी उनके दिल फुसफुसा रहे थे, "और भी।" मैटेरियलिज़्म वहीं शुरू होता है जहाँ शुक्रगुज़ारी खत्म होती है। यह न सिर्फ़ दसवीं आज्ञा (लालच) बल्कि पहली (मूर्ति पूजा) को भी तोड़ता है, क्योंकि पैसा एक ऐसा भगवान बन जाता है जो चिंता करके पूजा की मांग करता है।

मेरी बात सुनो, दोस्तों: खतरा चीज़ों को पाने में नहीं है - खतरा तब है जब चीज़ें आपको पाने लगती हैं।

संतोष बनाम आत्मसंतुष्टि

आत्मसंतुष्टि कहती है, "मुझे आगे बढ़ने की ज़रूरत नहीं है—मैं अपने कम्फर्ट ज़ोन में ठीक हूँ।" भौतिकवाद कहता है, "मैं तभी खुश होऊँगा जब मुझे और मिलेगा।" संतोष कहता है, "मैं आगे बढ़ूँगा, लेकिन मैं तरक्की की पूजा नहीं करूँगा। मैं तरक्की करूँगा, लेकिन मैं तरक्की को खुद पर हावी नहीं होने दूँगा।"
अमीरा ने सीखा कि शांति कोई प्रोडक्ट नहीं है। वह अभी भी मीडिया में काम करती है, लेकिन अब उसका मकसद बदल गया है—परफेक्शन बेचने से सच बताने तक। संतोष यही करता है—यह एस्पिरेशन को खत्म किए बिना एम्बिशन को पूरा करता है।

प्रतिबिंब

मैं किस चीज़ के पीछे भाग रहा हूँ जो मेरी शांति को छीन रही है?
क्या मैंने लग्ज़री को खुशी से कन्फ्यूज़ कर दिया है?
क्या मेरी चीज़ें मेरे मकसद को पूरा करती हैं, या मैं उनकी सेवा करता हूँ?

टेकअवे / घोषणा

“इस दुनिया की चमकदार चीज़ों में जंग लग जाएगा, लेकिन शुक्रगुज़ार दिल कभी खराब नहीं होता।”

दोस्तों, मेरी बात सुनो:

तुम्हारी कार खराब हो सकती है, तुम्हारे कपड़े फट सकते हैं, तुम्हारे अकाउंट खराब हो सकते हैं—लेकिन शुक्रगुज़ारी कभी कम नहीं होती। जब तुम चमकने वाली चीज़ों का पीछा करना बंद कर देते हो, तो भगवान तुम्हें वो देना शुरू कर देता है जो चमकता है। ऐसे खज़ाने ढूंढो जिन्हें तूफ़ान चुरा न सके और जंग छू न सके।

चैप्टर 9 - स्ट्रिंग्स अटैच्ड (मैनिपुलेशन, कंट्रोल, और भगवान के समय पर भरोसा करना सीखना)

"लॉबीस्ट का हाथ मिलाना"

वॉशिंगटन DC में, पॉलिटिक्स थिएटर है, और पावर टिकट है। एलेनोर जेम्स यह बात अच्छी तरह जानती थीं। वह एक उभरती हुई स्ट्रैटेजिस्ट थीं—एक ऐसी महिला जो माहौल को समझ सकती थीं, वोट बदल सकती थीं, और ऐसी डील कर सकती थीं जो हेडलाइन से ज़्यादा समय तक टिकती थीं। उनका मोटो था, "हर किसी की एक कीमत होती है। उसे ढूंढो।"

उन्होंने सुधार के अच्छे सपनों के साथ एक कैंपेन वॉलंटियर के तौर पर शुरुआत की थी। लेकिन कई सालों तक गुप्त समझौतों और कानाफूसी वाले वादों के बाद, उन्होंने एक अनकहा नियम सीखा: "अगर आप लोगों को कंट्रोल नहीं कर सकते, तो उन पर असर डालें; अगर आप उन पर असर नहीं डाल सकते, तो उन पर कब्ज़ा करें।"

अपनी उम्र के तीसवें दशक के बीच में, एलेनोर राजधानी की सबसे ज़्यादा पसंद की जाने वाली लॉबिस्ट में से एक थीं। उनकी मुस्कान दरवाज़े खोल सकती थी, उनका नाम मीटिंग पक्की कर सकता था, और उनका असर कांग्रेस के सदस्यों, पत्रकारों और CEOs तक अदृश्य डोरियों की तरह फैला हुआ था। दुनिया ने इसे नेटवर्किंग कहा। स्वर्ग ने इसे मैनिपुलेशन कहा।

फिर सीनेटर ब्लेक आए—एक ऐसा आदमी जिसे वह कंट्रोल नहीं कर सकती थीं। वह ईमानदार, ज़मीन से जुड़े और बिना किसी की परवाह

किए थे। जब उन्होंने अपनी हमेशा की तरह चालें चलीं, तो उन्होंने उनकी आँखों में देखकर कहा, “मिस जेम्स, डर या एहसान पर बना असर हमेशा तब खत्म हो जाता है जब सच कमरे में आता है।”

उस रात, उसके शब्द उसके दिमाग में गूंज रहे थे। उसे एक युवा इंटर्न के तौर पर अपनी पहली प्रार्थना याद आ गई: “हे प्रभु, अंधेरी जगहों में रोशनी लाने के लिए मेरा इस्तेमाल करो।” कहीं न कहीं, उसने लाइट की जगह लीवर ले लिया था।

कुछ हफ़्ते बाद, उसकी एक डील उल्टी पड़ गई। एक लीक हुए ईमेल से पता चला कि उसने अपने फ़ायदे के लिए कानून में हेरफेर किया था। रातों-रात, उसकी इज़्ज़त गिर गई। हेडलाइंस में उसे “द क्वीन ऑफ़ कंट्रोल” कहा जाने लगा। दोस्त गायब हो गए। उसका फ़ोन बजना बंद हो गया।

इसके बाद जो सन्नाटा छा गया, उसमें एलेनोर अपने जॉर्जटाउन अपार्टमेंट में अकेली बैठी थी और रोते हुए धीरे से बोली, “हे भगवान, मैं डोरी पकड़ते-पकड़ते थक गई हूँ। मुझे जाने देना सिखाओ।”

कुछ महीने बाद, उन्होंने एक छोटे नॉन-प्रॉफिट के साथ वॉलंटियरिंग शुरू की, जो महिलाओं को पॉलिटिकल करप्शन नेटवर्क से निकलने में मदद करता था। वहाँ उन्होंने सीखा कि असली असर किसी को फंसाना नहीं है—यह बोझ उठाना है। उन्होंने अपने पावर सूट को विनम्रता से बदल दिया, और ऐसी शांति पाई जो कोई डील नहीं खरीद सकती थी।

बाइबिल का दर्पण

दोस्तों, मैनिपुलेशन नकली विश्वास है - यह उस चीज़ को ज़बरदस्ती देने की कोशिश है जो भगवान अपने समय में मुफ़्त में दे सकते थे। सारा ने ऐसा तब किया जब उसने हागार को अब्राहम को दिया, ताकि वह परमेश्वर को अपना वादा पूरा करने में “मदद” कर सके (उत्पत्ति

16)। नतीजा? दर्द, बँटवारा और पीढ़ियों का तनाव। याकूब ने ऐसा तब किया जब उसने एसाव का आशीर्वाद चुराने के लिए अपना भेष बदला (उत्पत्ति 27)। उसे जन्म का अधिकार तो मिल गया लेकिन उसने अपना घर खो दिया। गेहजी ने ऐसा तब किया जब वह नामान के तोहफ़े के पीछे भागा (2 राजा 5)—और कोढ़ की बीमारी की वजह से अपनी पवित्रता खो बैठा।

हर किसी को लगता था कि वे किस्मत को तेज़ी से आगे बढ़ा सकते हैं। हर किसी को पता चला कि कंट्रोल हमेशा शांति की कीमत पर होता है।

मेरी बात सुनो, दोस्तों: मैनिपुलेशन भरोसे से ज़्यादा तोड़ता है—यह पहला हुक्म तोड़ता है। क्यों? क्योंकि यह आपको भगवान के सिंहासन पर बिठाता है, यह विश्वास दिलाता है कि आपका रास्ता ज़्यादा समझदारी भरा, तेज़, सुरक्षित है। लेकिन धोखे से बनी कोई भी किस्मत भगवान के मकसद के बोझ से नहीं बच सकती।

संतोष बनाम आत्मसंतुष्टि

आत्मसंतुष्टि कहती है, "मैं बस इंतज़ार करूँगा और कुछ नहीं करूँगा।" संतोष कहता है, "मैं वही करूँगा जो सही है और नतीजे के लिए भगवान पर भरोसा करूँगा।"

जब एलेनोर ने कंट्रोल छोड़ दिया, तो वह पैसिव नहीं रही—वह शांत हो गई। उसने सीखा कि बात मानना कोई काम न करना नहीं है; यह काम करने का सबसे अच्छा तरीका है। इंतज़ार करना कमज़ोरी नहीं है जब यह विश्वास के साथ किया जाए।

प्रतिबिंब

क्या मैं भगवान पर भरोसा करने के बजाय किसी चीज़ को करने की कोशिश कर रहा हूँ?
क्या मैं आशीर्वाद देने के लिए या बांधने के लिए प्रभाव का इस्तेमाल करता हूँ?
अगर मैं यह मानूं कि भगवान का समय अभी भी सही है तो क्या बदल जाएगा?

टेकअवे / घोषणा

"जब आप तार खींचना बंद कर देते हैं, तो भगवान चमत्कार करना शुरू कर देते हैं।"
मेरी बात सुनो, दोस्तों:
कंट्रोल करने की ज़रूरत इस बात का सबूत है कि आपने भरोसा करना बंद कर दिया है। डोरी छोड़ दो। भगवान को स्ट्रेटजिस्ट बनने दो। क्योंकि जब वह दरवाज़ा खोलेगा, तो आपको किसी डील की ज़रूरत नहीं होगी—आपको बस बात मानने की ज़रूरत होगी।

चैप्टर 10 - अंगूर का बाग जो तुम्हारा नहीं था (ज़ुल्म, अन्याय, और सत्ता के लालच की कीमत)

"किसान और राज्यपाल"

उत्तरी नाइजीरिया में, मल्लम यूसुफ नाम के एक मामूली किसान के पास अंगूर का बाग था—जो उसके पिता की विरासत थी। उसके पास ज़्यादा कुछ नहीं था: एक टीन की छत वाला घर, एक गधा, और तीन बच्चे जो अंगूर की बेलों को पानी देने में उसकी मदद करते थे। लेकिन हर फसल के मौसम में, यूसुफ मिट्टी में घुटने टेककर धीरे से कहता, "हे भगवान, इस ज़मीन के लिए तेरा शुक्रिया। यह छोटी हो सकती है, लेकिन यह मेरी है।"

उस साल एक नया गवर्नर चुना गया—चीफ एडवाले नाम का एक करिश्माई आदमी, जो बड़े प्रोजेक्ट्स और उससे भी बड़े वादों के लिए मशहूर था। उसे लग्ज़री पसंद थी और वह चाहता था कि उसका राज्य दुबई जैसा दिखे। जब उसके साथी यूसुफ के अंगूर के बाग के पास से गुज़रे, तो उसने कहा, "यह मेरे नए रिज़ॉर्ट के लिए एकदम सही ज़मीन है। मुझे डीड दिलाओ।"

जब यूसुफ ने बेचने से मना कर दिया—यह कहते हुए कि यह पुश्तैनी ज़मीन है—तो गवर्नर मुस्कुराया और बोला, "हर किसी की एक कीमत होती है।" लेकिन यूसुफ का जवाब आसान था: "सर, आप मेरी मेहनत ले सकते हैं, लेकिन मेरे पिता का आशीर्वाद नहीं।"

कुछ ही हफ़्तों में, सरकारी एजेंट "पब्लिक डेवलपमेंट राइट्स" का दावा करने वाले डॉक्यूमेंट्स लेकर आ गए। यूसुफ़ को ज़मीन से हटा दिया गया। बुलडोज़र आ गए। बेलों को कंक्रीट के नीचे कुचल दिया गया।

महीनों बाद, गवर्नर का प्रोजेक्ट ज़ोर-शोर से शुरू हुआ, लेकिन उसके तुरंत बाद अजीब चीज़ें होने लगीं—फाइनेंशियल स्कैंडल, दीवारें गिरना, इन्वेस्टर का वॉकआउट। साल के आखिर तक, रिसॉर्ट छोड़ दिया गया, उसके गेट हार्मटन हवा में जंग खा रहे थे।

यूसुफ़, जो अब रिश्तेदारों के साथ रह रहा था, अब भी प्रार्थना करने के लिए अपने पुराने खेत के पास से गुज़रता था। उसने धीरे से कहा, "हे प्रभु, मैं उसे माफ़ करता हूँ। लेकिन घमंडियों को याद दिलाना कि जो आपने नहीं दिया, उसे वे रख नहीं सकते।"

बाइबिल का दर्पण

दोस्तों, यह कहानी 1 राजा 21 जितनी पुरानी है। अहाब को नाबोत का अंगूर का बाग चाहिए था। नाबोत ने मना कर दिया, और कहा, "भगवान न करे कि मैं तुम्हें अपने पुरखों की विरासत दूं।" अहाब तब तक नाराज़ रहा जब तक इज़ेबेल ने इसे पाने के लिए साज़िश रची, झूठ बोला और खून किया। लेकिन पैगंबर एलियाह अहाब के सामने खड़ा हुआ और बोला, "क्या तुमने खून भी किया है और कब्ज़ा भी किया है?"

परमेश्वर का न्याय तुरंत हुआ: जो कुत्ते नाबोत का खून चाटते थे, वही अहाब का खून भी चाटेंगे। अंगूर का बाग लालच का कब्रिस्तान बन गया।

मेरी बात सुनो, दोस्तों: लालच सिर्फ़ चीज़ों की चाहत करना नहीं है—यह ऐसी ताकत की चाहत है जो तुम्हारी नहीं है। हर भ्रष्ट लीडर, हर चालाक बॉस, हर जलने वाला दुश्मन अहाब की दुखद घटना को दोहरा

रहा है: दूसरों की चीज़ छीनकर अपनी चीज़ खोना—भगवान की मेहरबानी।
लालच संपत्ति के साथ खत्म नहीं होता; यह सजा के साथ खत्म होता है।

संतोष बनाम आत्मसंतुष्टि

आत्मसंतुष्टि कहती है, "मैं कभी भी सही के लिए नहीं लड़ूंगा।" संतोष कहता है, "भगवान ने मुझे जो दिया है, मैं उसका सम्मान करूंगा और ईमानदारी से उसकी रक्षा करूंगा।"
यूसुफ़ शांत नहीं था; वह उसूलों वाला था। उसने फ़ायदे के लिए शांति बेचने से मना कर दिया। जब हम अपने अंगूर के बाग—अपनी ईमानदारी, अपने बुलावे, अपने परिवारों—की रक्षा करना सीखते हैं, तो हमें ऐसी दुआएँ मिलती हैं जिन्हें कोई दबा नहीं सकता।

प्रतिबिंब

क्या मैं किसी और की चीज़ के लिए हाथ बढ़ा रहा हूँ?
क्या मैंने अन्याय को इसलिए सही ठहराया है क्योंकि इससे मुझे फ़ायदा होता है?
मैं कड़वाहट के बिना सच्चाई का बचाव कैसे कर सकता हूँ?

टेकअवे / घोषणा

"अगर यह भगवान ने नहीं दिया है, तो आप इसे लालच से नहीं रख सकते।"

दोस्तों, मेरी बात सुनो:

कभी किसी दूसरे के अंगूर के बाग से जलन मत करो; अपना बाग विश्वास के साथ लगाओ। ईमानदारी का फल भ्रष्टाचार की दावत से ज़्यादा समय तक रहता है। और जिस ज़मीन को तुम शुक्रगुज़ारी से रखते हो, वह एक दिन पीढ़ियों को खिलाएगी।

चैप्टर 11 - एहसान फरामोश दिलों की आवाज़ (एहसान फरामोशी, पूजा और स्वर्ग की शांति)

"पूजा करने वाली टीम जो क्यों भूल गई"

साओ पाउलो में, कासा डे लूज़ नाम का एक ज़िंदादिल चर्च कुछ ही सालों में पचास सदस्यों से बढ़कर हज़ारों सदस्यों का हो गया। उनकी पूजा टीम मशहूर थी—लाइट्स, हारमनी, एंथम जो YouTube और पूरे ब्राज़ील के त्योहारों में छा गए।

सेंटर में राफेल थे, जो एक टैलेंटेड गिटारिस्ट और वर्शिप लीडर थे। वह भगवान से बहुत प्यार करते थे, लेकिन जैसे-जैसे भीड़ बढ़ती गई, कुछ छोटी-मोटी बातें बदलने लगीं। टीम की रिहर्सल कॉम्पिटिशन की रिहर्सल में बदल गईं। हर नए गाने को इस बात से आंका जाता था कि उसे ऑनलाइन कितने व्यूज़ मिल सकते हैं। वे अब स्वर्ग के लिए नहीं गा रहे थे—वे धरती के लिए परफॉर्म कर रहे थे।
एक रविवार की सुबह, जब मैं पूरे लैटिन अमेरिका में एक सर्विस ब्रॉडकास्ट कर रहा था, तो अचानक साउंड सिस्टम खराब हो गया। माइक्रोफ़ोन बंद हो गए, इंस्ट्रूमेंट म्यूट हो गए, और हज़ारों लोग अजीब सी खामोशी में देखते रह गए।

राफेल स्तब्ध रह गया। घबराहट होने लगी। लेकिन तभी, पीछे कहीं से एक बुज़ुर्ग महिला ने धीरे से गाना शुरू किया—बाएं से, लेकिन जोश से भरा हुआ:

"Senhor, Tu és bom , eo Teu amor dura para sempre…"

(हे प्रभु, आप अच्छे हैं, और आपका प्यार सदा बना रहता है।)

जल्द ही, दूसरे लोग भी शामिल हो गए। मंडली गाना बजानेवालों का ग्रुप बन गई। आँखों में आँसू थे, हाथ बिना बीट्स या बेस के उठे हुए थे। यह कच्चा, बिना पॉलिश किया हुआ—और पवित्र था।

सर्विस के बाद, राफेल बैकस्टेज बैठे और धीरे से बोले, "हमने म्यूज़िक तो खो दिया लेकिन पूजा तो पा ली।" उन्हें एहसास हुआ कि माइक्रोफ़ोन खराब होने से बहुत पहले ही आभार खत्म हो गया था; भगवान ने इसे दिखाने के लिए बस चुप्पी का इस्तेमाल किया।

उस दिन, उन्होंने अपनी टीम को इकट्ठा किया और कहा, "हम मंज़ूरी के लिए गाना बंद कर देंगे। हम गाएंगे क्योंकि वह अभी भी हमें सांस देता है।"

बाइबिल का दर्पण

दोस्तों, जब आभार दिल से निकल जाता है, तो पूजा की आवाज़ खो जाती है।

ल्यूक 17 में, दस कोढ़ियों ने दया की गुहार लगाई। यीशु ने उन सभी को ठीक कर दिया, लेकिन सिर्फ़ एक ही धन्यवाद देने के लिए लौटा—और उसे ठीक होने से ज़्यादा मिला; उसे पूरी तरह से ठीक होना मिला। नौ को चमत्कार मिला; एक को गुरु मिला।

इज़राइल भी इस पैटर्न को जानता था। भगवान ने समुद्र को दो हिस्सों में बाँटा, मन्ना गिराया, और चट्टान से पानी निकाला—फिर भी वे बड़बड़ाते हुए कहते रहे, "हमें मिस्र की याद आती है।" एहसान

फरामोशी ने उनकी तारीफ़ को दबा दिया और उनके वादे में देरी कर दी।

मेरी बात सुनो, दोस्तों: जब हम शुक्रिया अदा करना बंद कर देते हैं, तो हम डूबने लगते हैं। शुक्रिया अदा करना अच्छा व्यवहार नहीं है—यह आध्यात्मिक लड़ाई है। यह दिल को नरम रखती है, आसमान को खुला रखती है, और आत्मा को भगवान की धुन के साथ तालमेल में रखती है।

लालच कहता है, "मुझे और चाहिए।"

एहसान फरामोशी कहती है, "मेरे पास जो है वह काफी नहीं है।" दोनों ही भगवान को गद्दी से हटाते हैं और खुद को गद्दी पर बिठाते हैं।

इसीलिए एहसान फरामोशी न सिर्फ दसवीं आज्ञा को तोड़ती है, बल्कि पहली को भी।

संतोष बनाम आत्मसंतुष्टि

आत्मसंतुष्टि कहती है, "कम से कम हम कुछ तो कर रहे हैं।" संतोष कहता है, "आइए याद रखें कि हम यह क्यों कर रहे हैं।"

राफेल की वापसी शोहरत या रोशनी से नहीं हुई—यह चुप्पी और विनम्रता से हुई। जब शुक्रगुज़ारी लौटी, तो शान भी साथ आई। भगवान को परफेक्शन नहीं चाहिए; उन्हें पोज़िशन चाहिए—आदर से झुके दिल, न कि तारीफ़ों के पीछे भागते ईगो।

प्रतिबिंब

क्या मैंने पूजा को प्रदर्शन में बदल दिया है?

क्या मैं भगवान को उनके होने के लिए मनाता हूँ, या सिर्फ़ उनके दिए हुए चीज़ों के लिए?

आखिरी बार मैंने कब उसे उस चीज़ के लिए धन्यवाद दिया था जिसके लिए मैंने कभी प्रार्थना की थी?

टेकअवे / घोषणा

"कृतज्ञता शोर को पूजा में बदल देती है; कृतघ्नता पूजा को शोर में बदल देती है।"

मेरी बात सुनो, दोस्तों:

स्वर्ग अभी भी शुक्रगुजार दिलों को जवाब देता है। अगर आपका गाना भूल गए हैं, तो शुक्रिया कहकर शुरु करें। क्योंकि शुक्रगुजार होना सिर्फ हवा में नहीं होता - यह सिंहासन कक्ष को भर देता है।

चैप्टर 12 - भागते हुए भी कहीं नहीं पहुँचना (बेचैनी, व्यस्तता और शांति का तोहफ़ा)

“वह इंजीनियर जो साँस लेना भूल गया”

केंजी टोक्यो में एक रोबोटिक्स इंजीनियर थे—बहुत तेज़, डिसिप्लिन्ड, इज्ज़तदार। 29 साल की उम्र में, उन्होंने जापान की एक बड़ी टेक कंपनी के लिए काम किया, जहाँ उन्होंने ह्यूमनॉइड AI बनाए जो “ज़िंदगी को आसान बनाने” के लिए डिज़ाइन किए गए थे। मज़े की बात यह है कि उनकी अपनी ज़िंदगी हर दिन मुश्किल होती जा रही थी। वह सुबह 5 बजे उठा, दो घंटे आया-जाया, चौदह घंटे काम किया और आधी रात के बाद घर लौटा। उसका फ्रिज एनर्जी ड्रिंक्स से भरा था, उसका अपार्टमेंट बिना खोले हुए मेल से भरा था। उसने महीनों से अपने माता-पिता से बात नहीं की थी; उसकी बाइबिल उसके कोडिंग लैपटॉप के पास धूल खा रही थी।

जब साथ काम करने वाले पूछते कि वह इतनी मेहनत क्यों करता है, तो वह मुस्कुराकर कहता, “अगर मैं नहीं करूँगा, तो कोई और मुझसे आगे निकल जाएगा।” वह प्रमोशन के पीछे नहीं भाग रहा था—वह बेकार होने से भाग रहा था।

एक रात, एक प्रोजेक्ट की डेडलाइन पर लगातार चालीस घंटे बिताने के बाद, केंजी अपनी डेस्क पर बेहोश हो गया। जब वह हॉस्पिटल के बेड पर उठा, तो एक नर्स ने उससे धीरे से कहा, “तुम हफ़्तों से रात में

सिर्फ़ तीन घंटे सो रहे हो। तुम्हारा शरीर तुम्हारे करियर से पहले ही खराब हो गया।"

हाथ में IV ट्यूब लगाए केंजी छत की तरफ देखते हुए फुसफुसाया, "हे भगवान, मैं क्या कर रहा हूँ? मैंने ऐसी मशीनें बनाई हैं जो थकती नहीं हैं—लेकिन मैं खुद एक बन गया हूँ।"

अगले हफ़्ते, उन्होंने मेडिकल लीव ले ली। वह हर सुबह उएनो पार्क में घूमने लगे, नोटिफ़िकेशन के बजाय पक्षियों की आवाज़ सुनते हुए। एक दिन, उन्होंने एक बूढ़े आदमी को कबूतरों को दाना डालते और एक भजन गुनगुनाते हुए देखा:

"शांत हो जाओ, मेरी आत्मा: प्रभु तुम्हारे पक्ष में है।"

केंजी उसके पास बैठा और पूछा, "इतनी तेज़ दुनिया में तुम इतने शांत कैसे रहते हो?"

बूढ़ा आदमी मुस्कुराया। "मैंने भगवान से आगे भागने की कोशिश करना छोड़ दिया।"

उस दिन, केंजी को रोबोटिक्स के लिए कोई नया आइडिया नहीं मिला - उसे जीने की एक नई लय मिली।

बाइबिल का दर्पण

दोस्तों, बेचैनी प्रोडक्टिविटी नहीं है—यह गलत पहचान है। मार्था को यह तब पता चला जब उसने मरियम के जीसस के पैरों पर बैठने की शिकायत की (लूका 10:38–42)। जीसस ने जवाब दिया, "मार्था, तुम बहुत सी बातों को लेकर परेशान और परेशान हो, लेकिन सिर्फ़ एक चीज़ ज़रूरी है।"

हाबिल को मारने के बाद बेचैन कैन धरती पर भटकने लगा। असुरक्षा की भावना से ग्रस्त राजा शाऊल ने परमेश्वर का पीछा करने के बजाय दाऊद का पीछा किया। यहाँ तक कि यीशु को धोखा देने के बाद

पतरस ने भी कहा, “मैं मछली पकड़ने जा रहा हूँ।” वह बिना किसी मिशन के वापस चला गया—जब तक कि यीशु उसे शांति से दोबारा नहीं मिले।

दोस्तों, मेरी बात सुनो: बिज़ी रहना हमेशा बात मानना नहीं होता। आप तेज़ी से आगे बढ़ सकते हैं और फिर भी अपने मकसद से दूर हो सकते हैं। आप भगवान के लिए काम कर सकते हैं और फिर भी उनके साथ नहीं चल सकते।

बेचैनी पहली आज्ञा को तोड़ती है—यह काम को आपका भगवान बना देती है। यह कहती है, “अगर मैं रुक गया, तो सब कुछ बिखर जाएगा।” लेकिन शांति कहती है, “अगर मैं रुक गया, तो भगवान सब कुछ संभाल लेंगे।”

संतोष बनाम आत्मसंतुष्टि

आत्मसंतुष्टि कहती है, “मैं परवाह करना छोड़ दूँगा।” संतोष कहता है, “मैं उसकी देखभाल में आराम करूँगा।”

केंजी ने एम्बिशन को नहीं छोड़ा—उन्होंने इसे नए तरीके से डिफाइन किया। उन्होंने सीखा कि सब्बाथ कोई दिन नहीं है—यह एक पॉस्चर है। यह भरोसा करना है कि जब आप आराम कर रहे होते हैं, तब भी स्वर्ग काम कर रहा होता है।

ईश्वरीय संतोष ड्राइव को खत्म नहीं करता; यह दिशा को फिर से बनाता है। यह आपको शालीनता से आगे बढ़ना सिखाता है, न कि गिल्ट से परेशान होना।

प्रतिबिंब

क्या मैं शांति से काम कर रहा हूँ या शांति के लिए काम कर रहा हूँ?

क्या मैंने थकावट को बेहतरीन समझ लिया है?
पिछली बार कब मैंने भगवान के साथ रहने के लिए खुद को धीमा किया था, उनके लिए कुछ नहीं किया था?

टेकअवे / घोषणा

"यदि शैतान आपसे पाप नहीं करवा सकता, तो वह आपको व्यस्त कर देगा।"
दोस्तों, मेरी बात सुनो:
भगवान की शांति एक्टिविटी की कमी नहीं है—यह अलाइनमेंट का होना है। तब तक धीमे हो जाओ जब तक तुम्हारी धड़कन स्वर्ग की रिदम से मैच न कर जाए। क्योंकि कभी-कभी, आगे बढ़ने का सबसे तेज़ तरीका आखिरकार दौड़ना बंद कर देना होता है।

चैप्टर 13 - दिल का सिंहासन (मूर्ति पूजा, संतोष और अंदर का युद्ध)

"वह पादरी जिसने अपना पहला प्यार खो दिया"

अटलांटा में, पादरी माइकल एक तेज़ी से बढ़ता हुआ चर्च चलाते थे। इसकी शुरुआत चुपचाप हुई—उनके लिविंग रूम में, पंद्रह लोगों के साथ, सादी पूजा, नंगे पैर प्रवचन, और प्रार्थना से जलता हुआ दिल। वह भगवान के सामने आसानी से रो पड़ते थे, बीमारों से मिलते थे, और अपने झुंड को ऐसे ले जाते थे जैसे कोई चरवाहा हर धड़कन महसूस करता हो।

लेकिन जैसे-जैसे चर्च बढ़ता गया, वैसे-वैसे शोर भी बढ़ता गया। लाइट्स. ब्रांडिंग. लाइवस्ट्रीम. इनविटेशन. बुक डील्स. कॉन्फ्रेंस. कैमरा. मल्टीसाइट एक्सपेंशन.

सेवकाई तो बढ़ी, लेकिन उसका दिल सिकुड़ गया।

एक दिन, पादरियों के एक बड़े सम्मेलन में, एक सहकर्मी ने उनका परिचय एक जाने-माने पादरी से कराया—जिनके चर्च में सदस्यों की संख्या अभी-अभी पचास हज़ार के पार हुई थी।

"यही वह स्तर है जिस पर हम सब विश्वास कर रहे हैं", मित्र ने कहा।

माइकल ने विनम्रता से मुस्कुराया, लेकिन अंदर ही अंदर कुछ गड़बड़ थी - **ईर्ष्या का एक बीज जो "पवित्र प्रेरणा" के रूप में तैयार था।**

शुरुआत में यह बदलाव हल्का था।

उनके उपदेश धर्मग्रंथों पर छोटे और स्ट्रेटेजी पर लंबे हो गए।

असर के बारे में ज़्यादा, करीबी के बारे में कम। मेट्रिक्स के बारे में

ज़्यादा, दया के बारे में कम। स्टेज पर ज़्यादा मौजूदगी, कम सीक्रेट प्रार्थनाएँ।

एक शाम, एक बड़े ब्रॉडकास्ट इवेंट के बाद, वह खाली जगह में रुक गया। कैमरे खामोश गवाहों की तरह गूंज रहे थे। माइकल ठीक उसी जगह पर घुटनों के बल बैठ गया जहाँ उसने दस साल पहले चर्च को समर्पित किया था।

"प्रभु…मुझे क्या हुआ?"

कोई गड़गड़ाहट नहीं.

कोई आवाज़ नहीं. बस एक याद.

एक नंगे पाँव युवक पूजा के दौरान रोते हुए फुसफुसा रहा था:

"यीशु…यदि कोई मेरा नाम न जानता हो, तो भी उसे अपना नाम बता दे।"

आँसू बहने लगे। उसने अपने महंगे जूते उतारे, अपना सूट जैकेट उतारा, उसे एक सरेंडर किए हुए ताज की तरह पल्पिट पर रखा, और फुसफुसाया:

अपना चर्च वापस पा सकते हैं ।"

अगले रविवार, उन्होंने बिना किसी लाइट, बिना किसी स्पॉन्सरशिप, बिना किसी लाइवस्ट्रीम के प्रवचन दिया।

सिर्फ़ पछतावा। सिर्फ़ सच। सिर्फ़ जीसस।

लोग रोए।

कुछ चले गए। ज़्यादातर वहीं रहे। चर्च छोटा हो गया—लेकिन ज़्यादा गहरा। शांत—लेकिन ज़्यादा पवित्र। कम मशहूर—लेकिन ज़्यादा फ़ायदेमंद।

माइकल ने सच्चाई को फिर से खोजा:

आप मसीह के इर्दगिर्द एक सेवकाई बना सकते हैं,
या आप अपने इर्दगिर्द एक सेवकाई बना सकते हैं - लेकिन कभी दोनों नहीं।

बाइबिल का दर्पण

दोस्तों, यह वह घेरा है जिसे हर आत्मा को पार करना चाहिए:
सच में आपके दिल के सिंहासन पर कौन बैठता है?
लालच वहीं से शुरू होता है, जहां परमेश्वर को गद्दी से हटा दिया जाता है।
दसवीं आज्ञा कहती है:
"तुम लालच मत करो।"
पहला आदेश कहता है:
"मेरे सिवा तुम्हारे किसी दूसरे को ईश्वर करके न मानना।"
दसवां तोड़ो, और तुमने पहला तोड़ दिया—
क्योंकि **जिस चीज की तुम लालसा करते हो वही तुम्हारी पूजा बन जाती है।**
डेविड की भटकती नज़रों ने बतशेबा को एक मूर्ति बना दिया।
अहाब के लालच ने नाबोथ के अंगूर के बाग को भगवान बना दिया।
फरीसियों के घमंड ने धर्म को एक मूर्ति बना दिया। पीटर की जॉन से तुलना ने थोड़ी देर के लिए भक्ति को हटा दिया।
मेरी बात सुनो, दोस्तों:
मूर्तियाँ हमेशा सोने की मूर्तियाँ नहीं होतीं;
कभी-कभी वे सोने की महत्वाकांक्षाएँ होती हैं।
कोई भी चीज़ जिसे आप छोड़ नहीं सकते -
यहाँ तक कि कोई "अच्छी" चीज़ भी - वह पहले ही आपका भगवान बन चुकी है।
मूर्ति पूजा कानून तोड़ने से पहले दिल तोड़ देती है।
यह फुसफुसाती है,

"तुम खुश होगे जब..."
लेकिन कभी भी वाक्य पूरा नहीं करती।

संतोष बनाम आत्मसंतुष्टि

आत्मसंतुष्टि कहती है:
"मैं आग के बिना भी ठीक हूँ।"
संतोष कहता है:
"मेरे पास पर्याप्त है—लेकिन मैं उसकी खोज करना कभी बंद नहीं करूंगा।"
पादरी माइकल ने मिनिस्ट्री नहीं छोड़ी—उन्होंने इसे शुद्ध किया। उन्होंने सीखा कि असली सफलता ज़ोरदार तालियाँ नहीं, बल्कि गहरा समर्पण है।
जहाँ मसीह राज करता है:

- महत्वाकांक्षा सेवा बन जाती है
- धन प्रबंधन बन जाता है
- प्रभाव मध्यस्थता बन जाता है
- सेवा पूजा बन जाती है

जब भगवान दिल पर राज करते हैं, तो बाकी सब चीज़ों को अपनी सही जगह मिल जाती है।

प्रतिबिंब

- मेरे हृदय के सिंहासन पर वास्तव में कौन बैठता है—मसीह या कोई ऐसी चीज़ जिसे खोने का मुझे डर है?
- क्या मैंने आशीर्वाद को मूर्तियों में बदल दिया है?
- अगर भगवान मुझसे इसे त्यागने के लिए कहें, तो क्या मैं तब भी उन्हें अच्छा कह सकता हूँ?

टेकअवे / घोषणा

"हर मूर्ति अपनेपन की चोर है। दिल में सिर्फ़ एक राजा के लिए जगह है।"

सुनो दोस्तों:

यह हर युग का युद्ध है -

देशों के बीच का युद्ध नहीं, बल्कि *दिलों के भीतर का युद्ध*।

जो आपको भटकाता है उसे हटा दें।

जिसने आपको बनाया है उसे फिर से गद्दी पर बिठाएं।

जब मसीह बीच में बैठते हैं:

तुलना झुक जाती है, लालच मर जाता है, जलन पिघल जाती है, शांति कायम होती है।

क्योंकि सबसे बड़ी जीत वह नहीं है जिसे आप बाहर से जीतते हैं, बल्कि

वह है **जिसे** आप अंदर से सरेंडर करते हैं।

निष्कर्ष — दिल की आखिरी पुकार

आप 12 युद्ध के मैदानों से गुज़रे हैं:
तुलना, जलन, वासना, महत्वाकांक्षा, धोखा, एहसान फरामोशी, भौतिकवाद, हेरफेर, बेचैनी, और छिपी हुई मूर्ति पूजा।
अब सवाल आसान और हमेशा रहने वाला है:

इनमें से कौन सी लड़ाई आपने अपने दिल में पहचानी?
तुमने कौन सा दरवाज़ा खोला है?
तुमने कौन सी इच्छा को माफ़ किया है? तुमने कौन सी मूर्ति रखी है?
संतोष के किस नकली रूप ने तुम्हें धोखा दिया है?
यह मैसेज जानकारी के लिए नहीं लिखा गया था।
यह **बदलाव के लिए लिखा गया था** ।
इसमें 30 से ज़्यादा दिनों की प्रार्थना, ध्यान, खुद को परखने, पछतावा करने और आज्ञा मानने की ज़रूरत पड़ी—ताकि परमेश्वर इसका इस्तेमाल **आपके अंदर बदलाव लाने के लिए कर सके।**
इस आईने से बिना बदले मत जाना।
दाऊद की तरह प्रार्थना करें:
"हे परमेश्वर, मुझे जाँच..." (भजन 139:23)
जैसे शमूएल ने शाऊल से कहा:
"आज्ञा मानना बलिदान से बेहतर है।" (1 शमूएल 15:22)
जैसे-जैसे लाखों लोग साल के आखिर में धन्यवाद देने की तैयारी कर रहे हैं, याद रखें:
भगवान ऐसा धन्यवाद स्वीकार नहीं करते जो आज्ञा मानने से पैदा न हो।

उसके पास लौटो।
अपने दिल के सिंहासन को फिर से व्यवस्थित करो। आज ही बड़े बदलाव शुरू करो।
पवित्र आत्मा आपको नकली चीज़ों को ठुकराने, लालची लोगों का सामना करने और रोज़ उसके साथ चलने की खुशी को अपनाने की ताकत दे।

अंतिम घोषणाएँ

साहसपूर्वक घोषणा करें:

- मैं अपने हृदय की हर मूर्ति—महत्वाकांक्षा, लालच, ईर्ष्या, भय, अभिमान, या तुलना—का त्याग करता हूँ।
- मैं शिकायत करने के बजाय आभार, कॉम्पिटिशन के बजाय संतोष और चिंता के बजाय पूजा चुनता हूँ।
- मैं घोषणा करता हूँ कि यीशु मेरे लिए पर्याप्त है - मेरा भाग, मेरी शांति, मेरी संतुष्टि।
- मेरा दिल अपने असली राजा के पास लौटता है।
- मेरे जीवन का सिंहासन केवल मसीह का है।

समापन प्रार्थना

हे प्रभु, मैं अपने दिल का सिंहासन आपको लौटाता हूँ।
मुझे हर उस दरवाज़े के लिए माफ़ करें जो मैंने चाहत के लिए खोला, हर उस तुलना के लिए जिसने शुक्रगुज़ारी को दबा दिया, हर उस मूर्ति के लिए जिसे मैंने पाला। मुझे शांति से चलना सिखाएँ, बिना लालच के आगे बढ़ना सिखाएँ, बिना स्वार्थ के सेवा करना सिखाएँ। मेरी ज़िंदगी एक सच को दोहराए:
सिर्फ़ आप ही इसके लायक हैं।
आमीन।

हस्ताक्षर
शालोम!
एम्बेसडर मंडे ओ . ओगबे ; ज़ाकारियास गॉडसीगल और कम्फर्ट लाडी ओगबे
गॉड्स ईगल मिनिस्ट्रीज़ (GEM)
https://www.otakada.org
देशों में परमेश्वर के वचन का बीजारोपण— एक-एक करके ज़िंदगी बदलना।
मसीह यीशु में एक। बिना दीवारों, सीमाओं या संप्रदायों के चर्च।

दिल का सिंहासन, लालच, तुलना, संतोष, नकली संतोष, ईसाई शिक्षा, लालच पर उपदेश, संतोष के साथ भक्ति, दस आज्ञाएँ, मूर्ति पूजा, डेविड और बतशेबा , अहाब और नाबोत , ईर्ष्या और उद्देश्य, लालच और उदारता, ईसाई पश्चाताप, त्याग नहीं आज्ञाकारिता, दिल का परिवर्तन, राजदूत सोमवार ओगवुओजो ओग्बे , गॉड्स ईगल मिनिस्ट्रीज़, ओटाकाडा , क्रिश्चियन डिसाइपलशिप, स्पिरिचुअल ग्रोथ, क्रिश्चियन कैरेक्टर, होलीनेस, थैंक्सगिविंग मैसेज, साल के आखिर का मैसेज

दोबारा जन्म कैसे लें और मसीह के साथ नया जीवन कैसे शुरू करें

हो सकता है कि आप पहले भी जीसस के साथ चले हों, या हो सकता है कि आप इन 40 दिनों में उनसे मिले हों। लेकिन अभी, आपके अंदर कुछ हलचल हो रही है।

आप धर्म से ज़्यादा के लिए तैयार हैं।

आप **रिश्ते के लिए तैयार हैं** ।

आप यह कहने के लिए तैयार हैं, "यीशु, मुझे आपकी ज़रूरत है।"

सच तो यह है:

"क्योंकि सबने पाप किया है; हम सब परमेश्वर के महिमामय मानक से कम हैं... फिर भी परमेश्वर, अपनी कृपा से, हमें अपनी दृष्टि में स्वतंत्र रूप से धर्मी ठहराता है।"

— रोमियों 3:23–24 (NLT)

आप मुक्ति नहीं पा सकते।

आप खुद को ठीक नहीं कर सकते। लेकिन यीशु ने पहले ही पूरी कीमत चुका दी है — और वह आपका घर में स्वागत करने का इंतज़ार कर रहे हैं।

दोबारा जन्म कैसे लें

दोबारा जन्म लेने का मतलब है अपना जीवन यीशु को सौंप देना — उनकी माफ़ी को स्वीकार करना, यह मानना कि वह मरे और फिर जी उठे, और उन्हें अपना प्रभु और उद्धारकर्ता मानना।

यह आसान है। यह शक्तिशाली है। यह सब कुछ बदल देता है।

ज़ोर से प्रार्थना करें:

"प्रभु यीशु, मेरा मानना है कि आप परमेश्वर के पुत्र हैं। मेरा मानना है कि आप मेरे पापों के लिए मरे और फिर से जी उठे।

मैं मानता हूँ कि मैंने पाप किया है और मुझे आपकी माफ़ी चाहिए। आज, मैं पश्चाताप करता हूँ और अपने पुराने तरीकों से मुड़ता हूँ। मैं आपको अपने जीवन में अपने प्रभु और उद्धारकर्ता बनने के लिए आमंत्रित करता हूँ। मुझे साफ़ करें। मुझे अपनी आत्मा से भरें। मैं घोषणा करता हूँ कि मैं फिर से जन्मा हूँ, माफ़ किया गया हूँ, और आज़ाद हूँ। आज से, मैं आपका अनुसरण करूँगा — और मैं आपके कदमों पर जीऊँगा। मुझे बचाने के लिए धन्यवाद। यीशु के नाम में, आमीन।"

मोक्ष के बाद अगले कदम

1. **किसी को बताएं** – अपना फ़ैसला किसी ऐसे विश्वासी के साथ शेयर करें जिस पर आपको भरोसा हो।
2. **बाइबल पर आधारित चर्च खोजें** – ऐसे समुदाय से जुड़ें जो परमेश्वर के वचन को सिखाता है और उसे जीता है।

   https://www.otakada.org या https://chat.whatsapp.com/H67spSun32DDTma8TLh0ov के ज़रिए ऑनलाइन God's Eagle मिनिस्ट्रीज़ पर जाएँ।
3. **बपतिस्मा लें** – अपने विश्वास को सबके सामने बताने के लिए अगला कदम उठाएँ।
4. **रोज़ाना बाइबल पढ़ें** – जॉन के गॉस्पेल से शुरू करें।
5. **हर दिन प्रार्थना करें** – परमेश्वर से एक दोस्त और पिता के रूप में बात करें।
6. **जुड़े रहें** – अपने आस-पास ऐसे लोगों को रखें जो आपके नए काम को बढ़ावा दें।
7. **समुदाय में शिष्य बनाने की प्रक्रिया शुरू करें** – इन लिंक के ज़रिए यीशु मसीह के साथ एक-एक करके रिश्ता बनाएँ

40-दिन का शिष्यत्व 1 - https://www.otakada.org/get-free-40-days-online-discipleship-course-in-a-journey-with-jesus/

40 शिष्यत्व 2 - https://www.otakada.org/get-free-40-days-dna-of-discipleship-journey-with-jesus-series-2/

मेरा उद्धार का क्षण

तारीख : ______________________

हस्ताक्षर : ____________________

"अगर कोई मसीह में है, तो वह एक नई सृष्टि है; पुराना बीत गया है, नया आ गया है!"

— 2 कुरिन्थियों 5:17

मसीह में नए जीवन का प्रमाण पत्र

मुक्ति की घोषणा – अनुग्रह से नया जन्म

यह प्रमाणित करता है कि

____

(पूरा नाम)

उसने सबके सामने **यीशु मसीह में**

प्रभु और उद्धारकर्ता के रूप में विश्वास जताया है और उसकी मृत्यु और पुनरुत्थान के ज़रिए मुक्ति का मुफ़्त तोहफ़ा पाया है।

"अगर तुम खुले तौर पर यह ऐलान करो कि यीशु प्रभु है और अपने दिल में यकीन करो कि परमेश्वर ने उसे मरे हुओं में से ज़िंदा किया है, तो तुम बच जाओगे।"

— रोमियों 10:9 (NLT)

इस दिन स्वर्ग खुश होता है और एक नई यात्रा शुरू होती है।

निर्णय की तिथि : ____________________________

हस्ताक्षर : ____________________________________

मुक्ति घोषणा

"आज, मैं अपना जीवन जीसस क्राइस्ट को सौंपता हूँ।
मेरा मानना है कि वह मेरे पापों के लिए मरे और फिर से जी उठे। मैं उन्हें अपने प्रभु और उद्धारकर्ता के रूप में स्वीकार करता हूँ। मुझे माफ़ कर दिया गया है, मेरा फिर से जन्म हुआ है, और मैं नया बन गया हूँ। इस पल से, मैं उनके नक्शेकदम पर चलूँगा।"

वेलकम टू द फैमिली ऑफ गॉड!

आपका नाम मेमने की जीवन की किताब में लिखा है।

आपकी कहानी अभी शुरू हुई है — और यह हमेशा रहने वाली है।

गॉड्स ईगल मिनिस्ट्रीज़ से जुड़ें

- वेबसाइट: www.otakada.org
- वेल्थ बियॉन्ड वरी सीरीज़: www.wealthbeyondworryseries.com
- ईमेल: ambassador@otakada.org

- **इस काम में मदद करें:**

कवनेंट के तहत दान देकर किंगडम प्रोजेक्ट्स, मिशन और फ्री ग्लोबल रिसोर्स को सपोर्ट करें।

देने के लिए QR कोड स्कैन करें

https://tithe.ly/give?c=308311

आपकी दरियादिली से हमें ज़्यादा लोगों तक पहुँचने, रिसोर्स ट्रांसलेट करने, मिशनरियों को सपोर्ट करने और दुनिया भर में डिसाइपलशिप सिस्टम बनाने में मदद मिलती है। धन्यवाद!

लेखक का बायो

ज़ाकारियास गॉडसीगल

लेखक • शिक्षक • दूरदर्शी नेता
ज़ाकारियास गॉडसीगल वचन के एक जोशीले टीचर और मसीह के शरीर के लिए एक समझदार आवाज़ हैं। आध्यात्मिक समझ के लिए एक अनोखी कृपा लेकर, ज़ाकारियास साफ़-साफ़, भविष्यवाणी की गहराई और विश्वासियों को पवित्रता, ईश्वरीय भक्ति और मसीह के प्रति सच्चे समर्पण के साथ चलते हुए देखने की दिल से जलने वाली इच्छा के साथ सेवा करते हैं।
गॉड्स ईगल मिनिस्ट्रीज़ (GEM) के काम में एक साथी के तौर पर, वह डिसाइपलशिप कंटेंट, धर्मग्रंथों की रोशनी, और मीडिया-बेस्ड आउटरीच को आकार देने में अहम भूमिका निभाते हैं, जो डिजिटल और फिजिकल सीमाओं के पार लोगों के जीवन को छूता है। उनकी रचनाएँ अंदरूनी बदलाव, आज्ञाकारिता, और विश्वासी के दिल के सिंहासन पर मसीह की वापसी पर फोकस करती हैं।
ज़ाकारियास एक सीधी सी सोच से चलते हैं: **जब दिल एक साथ होता है, तो किस्मत भी एक साथ होती है।**
वह टीचिंग, मेंटरशिप और स्पिरिट से भरे क्रिएटिव प्रोजेक्ट्स के ज़रिए दुनिया भर के दर्शकों तक पहुँचते रहते हैं।

राजदूत मंडे ओ. ओगबे

लेखक • मिशनरी कम्युनिकेटर • संस्थापक, गॉड्स ईगल मिनिस्ट्रीज़ (GEM)

राजदूत सोमवार ओरियोजो ओग्वुओजो ओगबे **गॉड्स ईगल मिनिस्ट्रीज़** (GEM) के फाउंडर हैं — यह एक ग्लोबल मिशन है जिसका मकसद है "लोगों को उनके वचन के ज़रिए भगवान से जोड़ना।" सच्चाई, इमोशनल कहानी कहने और भविष्यवाणी सिखाने के अपने गहरे जुनून के लिए जाने जाने वाले, वे लिखने, पॉडकास्टिंग, फिल्म बनाने, डिजिटल प्रचार और शिष्य बनाने के ज़रिए अलग-अलग देशों में सेवा करते हैं।

लीडरशिप, मीडिया और मिशन में बैकग्राउंड के साथ, एम्बेसडर मंडे के पास एक क्रॉस-कल्चरल अभिषेक है जो अफ्रीका से लेकर एशिया, अमेरिका, यूरोप और मिडिल ईस्ट तक गूंजता है। उनकी शिक्षाएँ विश्वास करने वालों के दिल की छिपी लड़ाइयों का सामना करती हैं— लालच, पहचान की लड़ाई, आध्यात्मिक संतुष्टि, और भगवान के साथ करीबी का धीरे-धीरे खत्म होना।

वह कई भक्ति गीतों, बुक सीरीज़ और मल्टीमीडिया टीचिंग के लेखक हैं, जो otakada.org और GEM के डिजिटल प्लेटफॉर्म के ज़रिए लाखों लोगों तक पहुँचते हैं।

उनका जीवन संदेश आसान लेकिन गहरा है:

"जब क्राइस्ट सेंटर में बैठते हैं, तो बाकी सब कुछ अपनी सही जगह ले लेता है।"

कम्फर्ट लाडी ओगबे

लेखक • मध्यस्थ • सेवकाई में सह-श्रमिक

कम्फर्ट लाडी ओगबे गॉड्स ईगल मिनिस्ट्रीज़ के किंगडम असाइनमेंट में एक राइटर, इंटरसेसर और साथ काम करने वाली हैं। दया, समझदारी और दूसरों का ख्याल रखने वाली भावना से भरपूर, वह जिस भी प्रोजेक्ट को छूती हैं, उसमें इमोशनल गहराई और स्पिरिचुअल ग्राउंडिंग लाती हैं।

उनके योगदान में—अक्सर पर्दे के पीछे—विनम्रता, समझदारी और ठीक होने की खुशबू होती है। वे काउंसलिंग, प्रार्थना, शिष्य बनाने और क्रिएटिव सहयोग से आराम देती हैं, खासकर उन कामों में जो परिवार को फिर से बसाने, आध्यात्मिक रूप से समझदार होने और दिल बदलने पर ज़ोर देते हैं।

एक लेखक के तौर पर, वह अपने अनुभव और आध्यात्मिक विश्वास के आधार पर लिखती हैं, और पढ़ने वालों को मसीह में पूरी तरह से जीने के लिए साफ़ समझ, आराम और हिम्मत देती हैं।

कम्फर्ट विश्वासियों को न केवल ज्ञान में, बल्कि दैनिक जीवन में भी परमेश्वर का अनुभव करने में मदद करने के लिए प्रतिबद्ध है - जहाँ हृदय विश्वास करना, समर्पण करना और फलना-फूलना सीखता है।

लेखक पेज:
https://www.amazon.com/stores/Zacharias-Godseagle/author/B0FCZ89D4K

अनुशंसित पुस्तकें और संसाधन

पिलग्रिम कोड: एआई अवेकनिंग

ईबुक - https://www.amazon.com/Logos-Protocol-Awakening-artificial-intelligence-ebook/dp/B0FXNQFSWZ

पेपरबैक - https://www.amazon.com/Logos-Protocol-Awakening-artificial-intelligence/dp/B0FXNGR66D

हार्डबैक - https://www.amazon.com/Logos-Protocol-Awakening-artificial-intelligence/dp/B0FZNTQR6Y

पेपरबैक इनग्रामस्पार्क -
https://shop.ingramspark.com/b/084?params=QkK4aNYTYO9U5z9uOkdHgc7Ue1eGDLqbb1tz9WRPaSk

मुक्ति क्यों विफल होती है - और परमेश्वर की अग्नि आत्मा को कैसे पुनर्स्थापित करती है: सर्वांगीण मुक्ति के लिए 40 दैनिक घोषणाएँ

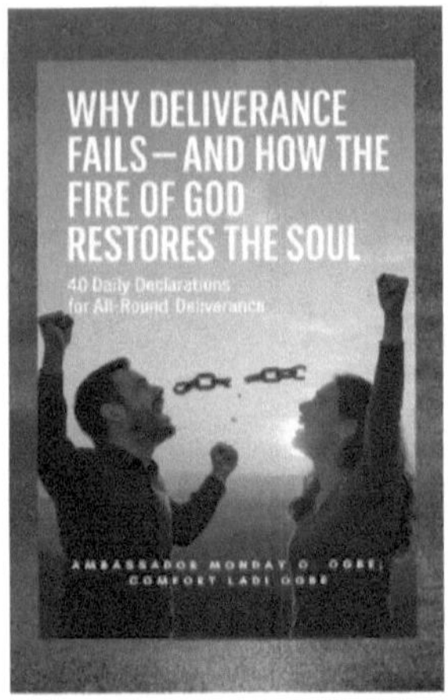

ईबुक - https://www.amazon.com/Why-Deliverance-Fails-Declarations-All-Round-ebook/dp/B0FW74L4G4

पेपरबैक - https://www.amazon.com/Why-Deliverance-Fails-Declarations-All-Round/dp/B0FWB3LXRM

बचाया गया लेकिन खो गया – शिष्यहीन धर्मांतरित – 25 भाषाओं में अनुवादित

किताबचा
https://shop.ingramspark.com/b/084?params=iYNB6S3PLMfREpm0jMM15bMe3BvWlkjcYyLYnHVGAds

ईबुक - https://www.amazon.com/SAVED-BUT-LOST-UNDISCIPLED-heartbreak-ebook/dp/B0FVJ29DF7

आध्यात्मिक युद्ध और रिकवरी के 7 दिन - यह पार्ट 1 है

दुश्मन को बांधना, तीरों को सात गुना करके वापस करना, और अपनी किस्मत को फिर से बनाना

https://shop.ingramspark.com/b/084?params=8mPzqUl73Ex7uPyeO7ydyt8EGkkB6u2gX1jZvWU8j1C

ई-बुक लिंक - https://www.amazon.com/DAYS-SPIRITUAL-WARFARE-RECOVERY-Returning-ebook/dp/B0FMPJM5KZ

7 दिन का आध्यात्मिक युद्ध और रिकवरी - पार्ट 2 - जीत पक्की करना, घर की बुराई तोड़ना, और अपनी वापस मिली किस्मत को बचाना

पेपरबैक -
https://shop.ingramspark.com/b/084?params=LkpNmGSsApHhWhiSO7bW3wFmcXQKIO4ZEBeSbP5rL1S

ईबुक - https://www.amazon.com/DAYS-SPIRITUAL-WARFARE-RECOVERY-Wickedness-ebook/dp/B0FR9YCMY8

अंधेरे से राज तक: अंधेरे की छिपी पकड़ से आज़ाद होने के लिए 40 दिन

—

जागरूकता, मुक्ति और शक्ति की एक ग्लोबल भक्ति - आज़ाद होने के लिए तैयार लोगों, परिवारों और देशों के लिए

किताबचा

https://shop.ingramspark.com/b/084?params=aVgp21QfwJxNANkfMxIQ0yejuFCVY12KFr978SRkZUD

अमेज़न लिंक - https://www.amazon.com/DARKNESS-DOMINION-Devotional-Awareness-Deliverance-ebook/dp/B0FLDH2Y67

- ***डिलिवर्ड फ्रॉम द पावर ऑफ़ डार्कनेस* (पेपरबैक)** — यहाँ से खरीदें | Amazon पर ईबुक

    - **यूनाइटेड स्टेट्स से टॉप रिव्यू:**
        - **किंडल कस्टमर** : "अब तक की सबसे अच्छी क्रिश्चियन किताब!" (5 स्टार)

हर किसी को यह किताब पढ़ने की सलाह दूँगा ... क्योंकि पाप की मज़दूरी मौत है, लेकिन परमेश्वर का तोहफ़ा हमेशा की ज़िंदगी है। शालोम! शालोम!

- **डा गस्टर** : "यह एक बहुत ही दिलचस्प और अजीब किताब है।" (5 स्टार)

अगर किताब में कही गई बातें सच हैं, तो हम सच में दुश्मन की काबिलियत से बहुत पीछे हैं! ... जो कोई भी स्पिरिचुअल लड़ाई के बारे में सीखना चाहता है, उसके लिए यह ज़रूरी है।

- **वीज़ा** : "मुझे यह किताब बहुत पसंद आई" (5 स्टार)

यह आंखें खोलने वाला है... एक सच्चा कबूलनामा... हाल ही में मैं इसे खरीदने के लिए हर जगह ढूंढ रहा था। Amazon से इसे पाकर बहुत खुश हूं।

- **FrankJM** : "काफी अलग" (4 स्टार)

यह किताब मुझे याद दिलाती है कि असली आध्यात्मिक लड़ाई कितनी होती है। यह "परमेश्वर के पूरे कवच" को पहनने की वजह भी याद दिलाती है।

- **जेनजेन** : "जो कोई भी स्वर्ग जाना चाहता है - इसे पढ़ें!" (5 स्टार)

इस किताब ने मेरी ज़िंदगी बहुत बदल दी। जॉन रामिरेज़ की गवाही के साथ, यह आपको अपने विश्वास को अलग नज़रिए से देखने पर मजबूर कर देगी। मैंने इसे 6 बार पढ़ा है!

- *एक्स-सैटनिस्टः द जेम्स एक्सचेंज* (पेपरबैक) — यहाँ से खरीदें | Amazon पर ईबुक

- ***एक अफ़्रीकी भूतपूर्व शैतानवादी की गवाही*** *- पादरी जोनास लुकुंट्ू मपाला* (पेपरबैक) — यहाँ से खरीदें | Amazon पर ईबुक

- *ग्रेटर एक्सप्लॉइट्स 14* (पेपरबैक) — यहाँ से खरीदें | Amazon पर ईबुक

- जॉन रामिरेज़ की *किताब आउट ऑफ़ द डेविल्स कॉल्ड्रॉन* — Amazon पर उपलब्ध है
- रेबेका ब्राउन की किताब ' *ही केम टू सेट द कैप्टिव्स फ्री'* — Amazon पर खोजें

लेखक की पब्लिश की हुई दूसरी किताबें – 1000 से ज़्यादा टाइटल

प्यार किया, चुना और पूरा : रिजेक्शन से ठीक होने तक का 30 दिन का सफ़र, दुनिया की 40 भाषाओं में ट्रांसलेट किया गया
https://www.amazon.com/Loved-Chosen-Whole-Rejection-Restoration-ebook/dp/B0F9VSD8WL

https://shop.ingramspark.com/b/084?params=xga0WR16muFUwCoeMUBHQ6HwYjddLGpugQHb3DVa5hE

उनके कदमों में — 40-दिन का WWJD चैलेंज: दुनिया भर में असल ज़िंदगी की कहानियों में यीशु की तरह जीना

https://www.amazon.com/His-Steps-Challenge-Real-Life-Stories-ebook/dp/B0FCYTL5MG

https://shop.ingramspark.com/b/084?params=DuNTWS59IbkvSKtGFbCbEFdv3Zg0FaITUEvlK49yLzB

यीशु द्वार पर:
40 दिल दहला देने वाली कहानियाँ और आज के चर्चों के लिए स्वर्ग की आखिरी चेतावनी

https://www.amazon.com/dp/B0FDX31L9F

https://shop.ingramspark.com/b/084?params=TpdA5j8WPvw83glJ12N1B3nf8LQte2a1lIEy32bHcGg

वाचा का जीवन: व्यवस्थाविवरण 28 के आशीर्वाद में 40 दिन चलना

- https://www.amazon.com/dp/B0FFJCLDB5

वास्तविक लोगों की कहानियाँ, वास्तविक आज्ञाकारिता और वास्तविक

https://shop.ingramspark.com/b/084?params=bH3pzfz1zdCOLpbs7tZYJNYgGcYfU32VMz3J3a4e2Qt

20 से ज़्यादा भाषाओं में बदलाव

उसे जानना और उसे जानना:
ठीक होने, समझने और हमेशा रहने वाले प्यार के लिए 40 दिन

https://www.amazon.com/KNOWING-HER-HIM-Healing-Understanding-ebook/dp/B0FGC4V3D9

https://shop.ingramspark.com/b/084?params=vC6KCLoI7Nnum24BVmBtSme9i6k59p3oynaZOY4B9Rd

पूरा करें, मुकाबला नहीं:
उद्देश्य, एकता और सहयोग की 40-दिवसीय यात्रा

https://shop.ingramspark.com/b/084?params=5E4v1tHgeTqOOuEtfTYUzZDzLyXLee30cqYo0Ov9941

https://www.amazon.com/COMPLETE-NOT-COMPETE-Journey-Collaboration-ebook/dp/B0FGGL1XSQ/

डिवाइन हेल्थ कोड - भगवान के वचन और क्रिएशन के ज़रिए हीलिंग को एक्टिवेट करने के लिए 40 डेली कीज़ पौधों, प्रार्थना और भविष्यवाणी की हीलिंग पावर को अनलॉक करें

https://shop.ingramspark.com/b/084?params=xkZMrYcEHnrJDhe1wuHHYixZDViiArCeJ6PbNMTbTux

https://www.amazon.com/dp/B0FHJT42TK

https://www.amazon.com/stores/Ambassador-Monday-O.-Ogbe/author/B07MSBPFNX पर मिल सकती हैं

www.ingramcontent.com/pod-product-compliance
Lightning Source LLC
LaVergne TN
LVHW060255051026
849517LV00003B/817
9798295450518